普 天 之 下 ・ 盡 是 好 書

普天 出版家族
Popular Press Family

凌雲 文創
A-Plus Creative Company

想要贏別人，先贏過你自己

You must win yourself frist

戰勝自己的弱點，就是成功的關鍵

法國思想家拉羅什富科曾說：「想要戰勝別人，首先必須贏過自己，因爲最可怕的敵人，就藏在自己的心中！」

人生之所以精采非凡，就在於不斷挑戰自己，不斷超越自己。對大多數人來說，人生最艱難的事情，莫過於誠實面對自己的缺點、弱點，只要願意誠實地檢視自己，鼓起勇氣戰勝自己，就能迎來更多成功的契機。

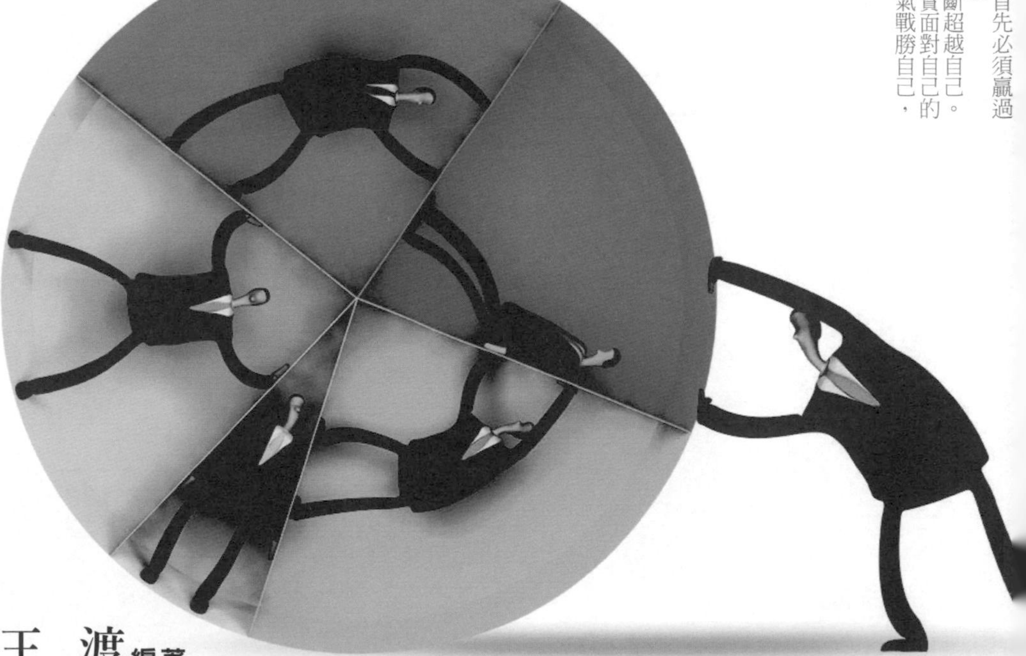

王　渡 編著

出版序

想要贏別人，先贏過你自己

只要願意誠實地檢視自己，鼓起勇氣戰勝消極、怯懦、怠惰……等等缺點，便能以更多優點面對競爭激烈的人生。

哲學家叔本華曾寫道：「喜歡抱怨的人，總是帶著有色的眼鏡看人生，把所有的快樂都看成不快樂，就好比美酒一到充滿膽汁的口中也會變苦一樣。」

面對失敗、挫折，絕大多數人選擇抱怨和逃避，整天怪東怪西，怪別人、怪社會，怪命運、怪景氣，就是不肯靜下心來檢討自己。

帶著墨鏡看人生，人生當然一片黑暗。唯有放下怨懟的情緒，改變那些偏執的念頭，人生才會翻轉，出現不一樣的結果。

美國作家玫琳凱．艾施曾說過一個相當耐人尋味的故事。

二次大戰期間，一位原本居住在美國中部的婦女，因丈夫從軍，任務在身，必須駐防加州，於是她也跟著前往加州，住在靠近沙漠的營區裡。

營區生活條件很差，先生原本不願讓太太跟著一起吃苦，但是，做太太的堅持要一起去。最後，他們只好找一間靠近印第安村落的小木屋，安定下來。

當地的天氣悶熱難當，連勉強算是蔭涼的地方，也至少高達攝氏四十六度，熾熱的焚風，總是呼呼地刮個不停，漫天塵土到處飛揚，動不動就吃了滿口風沙。

由於驟然遠離自己熟悉的環境，來到人生地不熟的地方，身邊一個熟人也沒有，而且鄰居住的全是些不懂英語的印第安人，一旦丈夫必須外出，更因爲語言不通，只能自己關在屋裡，哪也不敢去，日子久了，她心裡實在難熬。

一次，丈夫又必須外出兩周參加部隊演習，獨自在家的妻子不禁備感寂寞，忍不住寫信向母親抱怨說她要回家。

她很快地接到母親的回信，信中寫道：「有兩名囚犯從獄中望向窗外，一個看到的是泥巴，一個看到的是星星。」

她將母親的話看了又看，思索了許久，心想：「好吧！那我就試著去找星星吧。」於是，她走出屋外，嘗試和鄰近的印第安鄰居交朋友，請他們教她如何編織和製陶。

印第安人熱情地接納了她，在印第安人的部落中，她找到了自己遺忘已久的快樂心情，得到了許多她不曾體會的感受。

她從此迷上了印第安的文化、歷史、語言……等種種有關印第安人的事物。不僅如此，她甚至還開始研究起沙漠來，很快地，這片原本被自己視爲荒涼之地的沙漠，竟也成爲她眼中最神奇迷人、充滿生氣的地方。

最後她成了沙漠專家，也出版了這方面的著作，她的生活過得比原先在中部時更加豐富多彩。

處事的態度總是取決於一念之間，悲觀的念頭，往往注定了悲觀的結果，使得自己沉浸在鬱鬱寡歡的境地，無形中喪失了前進的動力，忍不住就想退縮。

但是，若能轉念一想，以不同的角度出發，說不定反而尋覓到另外一片不同的風景。

你眼中看到的，是一地亂糟糟的稀泥，還是滿天閃爍的星斗？

改變看事情的角度，就會找到更好的出路。

歌德曾經寫道：「人生最大的快樂，並不在於最後佔有什麼，而在於追求什麼的過程。」

確實，眞正的自在生活，並不是什麼也不做，而是能夠不在乎結果，依照自己的意志去做對生命有意義的事情，只有能夠把生命的過程和結果聯接起來的人，才是最幸福、最自在的人。

人生之所以精采非凡，就在於不斷挑戰自己，不斷超越自己。

美國文豪海明威曾說：「人並不是生來就注定要讓命運播弄的，對於懂得戰勝自己缺點的人，命運永遠無法打敗他。」

對大多數人來說，人生最艱難的事情，莫過於誠實地面對自己的缺點、弱點。然而只要願意下定決心改變自己的心態，戰勝自己的缺點和弱點，人就會是自己生命的主宰。

千萬不能淪爲被命運支配的傀儡，即使生活到了難以忍受的地步，只要充滿信心與希望，終究會開創屬於自己的輝煌時光。

法國思想家拉羅什富科曾說：「想要戰勝別人，首先必須贏過自己，因為最可怕的敵人，就藏在自己的心中！」

只要願意誠實地檢視自己，鼓起勇氣戰勝本身的消極、怯懦、怠惰……等等缺點，以更多優點面對競爭激烈的人生，就能迎來更多成功的契機。

PART—1 善用智慧，才能佔盡優勢

達到目的的途徑絕對不只一條，善用智慧選擇一條適合自己的道路，方能事半功倍地走完全程。

PART—2

與其消滅敵人，不如增加盟友

以時間換取空間，以不流血、不衝突的方式，無形之中，也能達成敵消我長的目的。

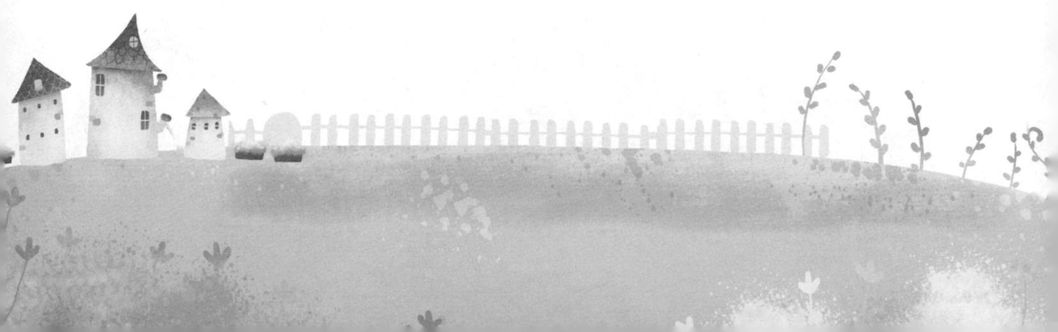

PART—3

不能適應，就設法改變環境

當環境或工作流程不符合自己所願的時候，與其不停地埋怨，還不如費些心思在自己能力範圍內去謀求改變。

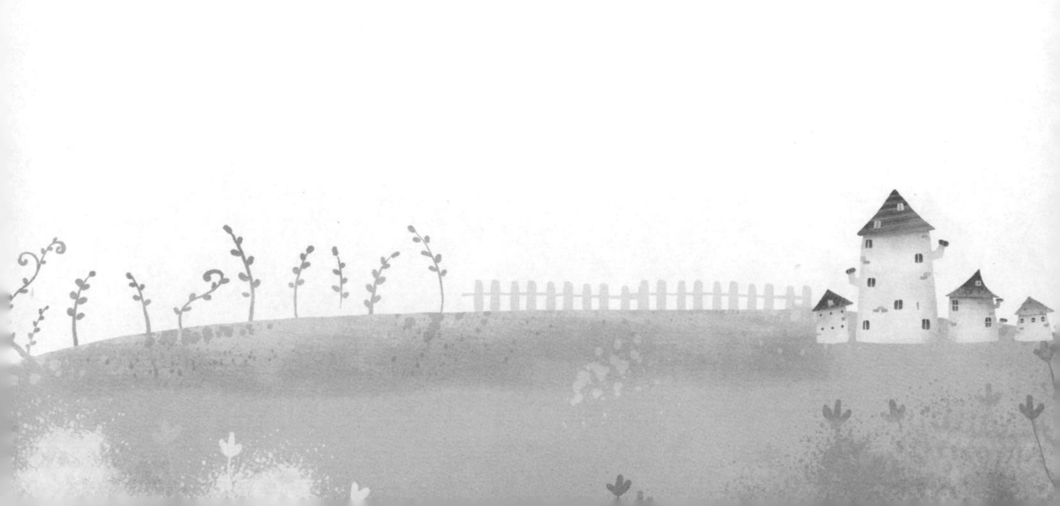

PART—4

信念足以影響一生

赫胥黎說：「人生不是受環境支配，而是受思想擺佈。」心靈的力量是很驚人的，我們的心靈不只能夠左右我們的行為，更能主宰生命。

PART—5

輕視別人就是貶低自己

自我的價值是來自於自己的肯定，外在的名氣是眾人所給予的，今日得到了，他日就可能失去了，不然怎麼會有人說「虛名如浮雲」呢？

PART—6

忙碌，要忙得有價值

忙碌，要忙得有價值，不要常常讓自己沉浸在忙碌的情緒之中，最後模糊了自己的人生目標，成為一個走不回來的人。

PART—7

把優點放在別人看得到的地方

如果不能把自己的優點放在別人看得見的地方，那麼就很難會有出線的機會，因為，沒有做事的機會，又哪來成功的機會呢？

PART—8

心態決定你的未來

對於每日應做的工作，若能花費心思深入地去瞭解，仔細覺察其中奧妙的部分，說不定能因此產生興趣，強化自己的能力與自信。

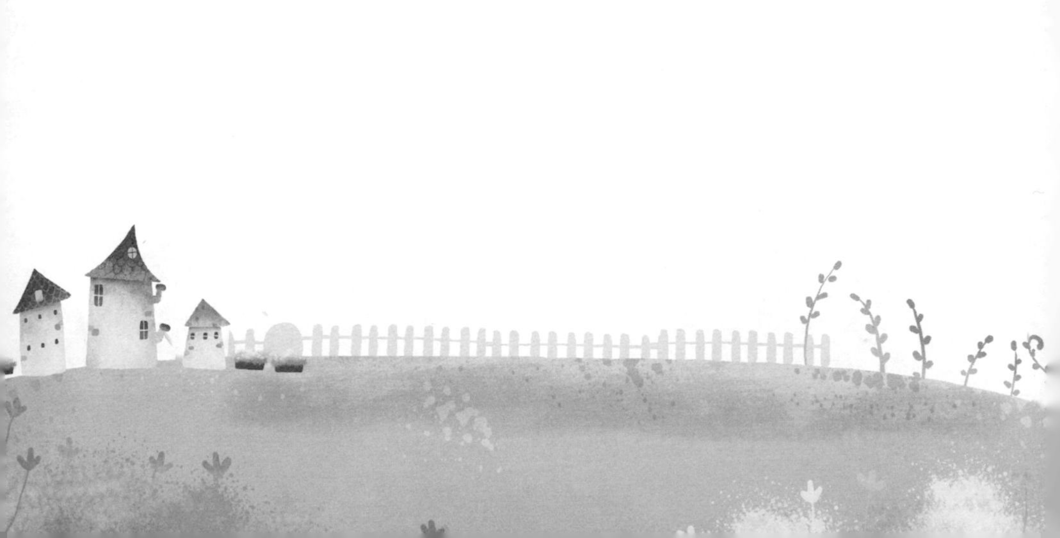

PART—9

奇蹟，來自智慧的累積

如果你認為事情只有一種處理方式，自然就只會依照常理去進行，但是，有時候腦筋稍微拐個彎，說不定就會有截然不同的發展。

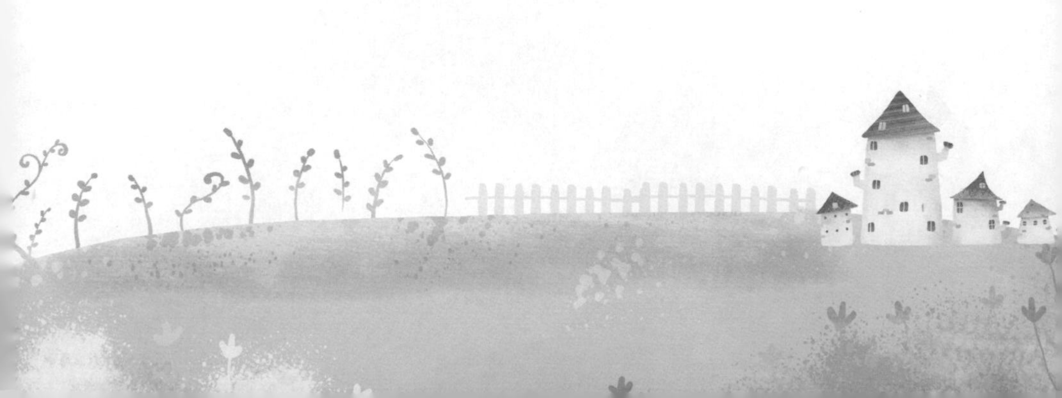

PART—10

懂得感恩，做事才會認真

能夠對每一粒米都懷著感恩的心的人，面對任何的人事物一定都能用相當的誠心去處理，進而對所有的事物負責。

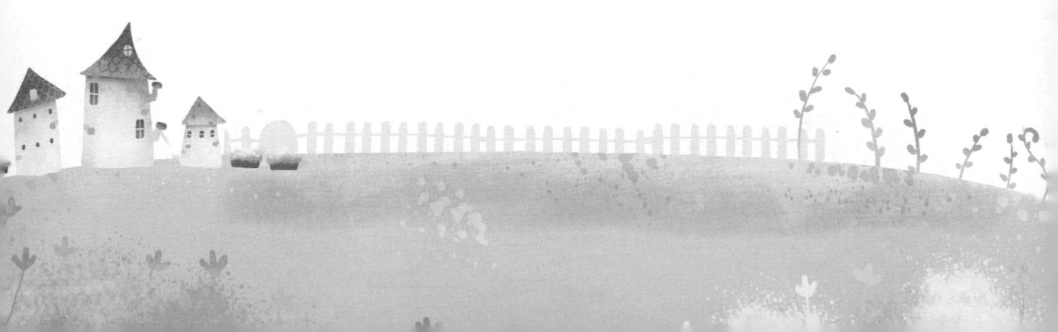

1. PART

善用智慧，才能佔盡優勢

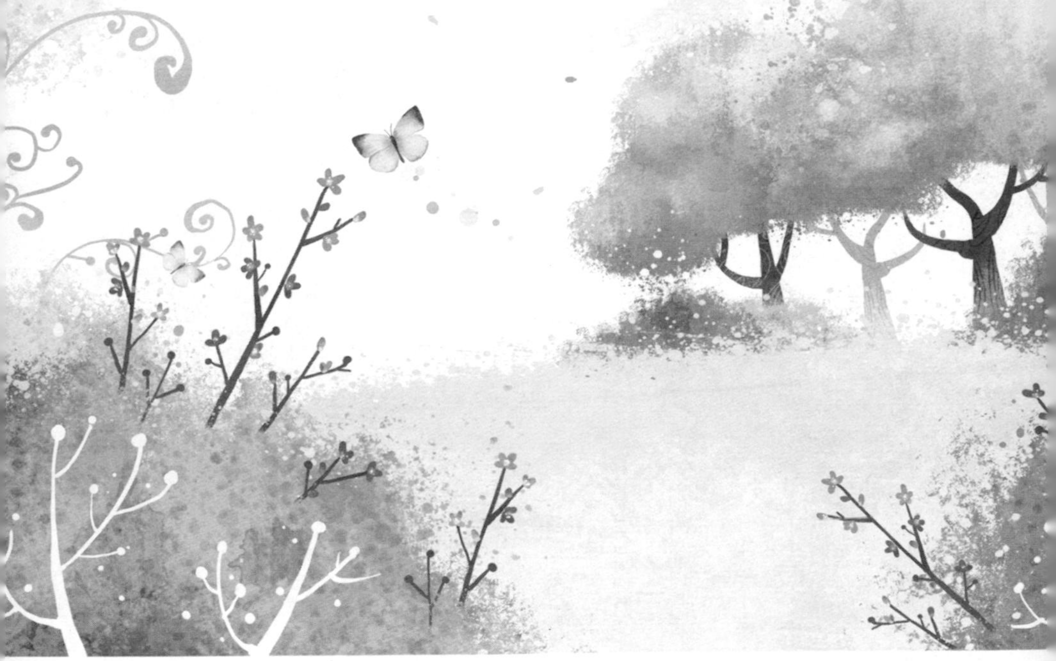

達到目的的途徑絕對不只一條，
善用智慧選擇一條適合自己的道路，
方能事半功倍地走完全程。

就算很普通，也可以很成功

也許你沒有顯赫的家世背景，沒有令人羨慕的耀眼學歷，只要肯按部就班，默默耕耘，照樣可以出頭天。

人的聰明才智，其實是從比較而來的，比方說，甲比乙聰明、乙又比丙聰明……等等。我們還特地發明了智力測驗，目的是爲了測測我們聰不聰明，或者比別人聰明多少。

智商，這個做完智力測驗所獲得的數字，影響著許多人的一生，但我們可曾想過，這個數字究竟代表著什麼？

那些測驗題到底是誰或是憑據什麼選出來當題目的，爲什麼我們要讓它主宰我們的人生？會做這些題目，就眞的代表著比較聰明嗎？不會做的人，就眞的一無可取嗎？

美國心理學博士艾薩克．阿西莫夫在部隊服役時，曾接受過一種全體士兵都參加的智力測驗，獲得了一百六十分的高分。

由於基地上從沒人有過這麼高的分數，而且平均標準值也才不過是一百分，於是他理所當然地被稱爲天才。

只不過，衆人的稱讚並沒有改變他的境遇。智力測驗後的第二天，他仍是一名普通士兵，最高職務也不過是擔任伙食值勤員，但那種天才的感覺卻是相當美妙的。

以後，他一生中一直得到這樣的高分，獲得許多人的尊敬，所以他有充足的理由相信自己非常聰明，同時希望別人也這樣看待自己。

然而，他也曾自問：「智商高意味著什麼呢？也許僅僅表示我很善於做智力測驗題，出題的人會不會可能只是智力類型和愛好都跟我類似的人罷了？他們編出來的題目，眞的能衡量出人的智力水準嗎？」

艾薩克·阿西莫夫還舉例說，有位汽車修理師，據他估計，不大可能在智商測驗中得到超過三十分的成績，所以，他不免想當然地認爲自己比他聰明得多。

然而，每當艾薩克的汽車出了毛病，就得急急忙忙地去找他，焦急地注視著他檢查汽車的每個部位，對他的分析如聆聽神諭般洗耳恭聽，而且他總是能把汽車修好。

他說：「那麼，如果讓這位修理師來主持智商測驗，或者由木匠、農夫等各行各業的任何一個人來設計題目，結果都會顯示我是一個笨蛋。如果不讓我使用從學院裡學習來的語言技巧，如果我不得不用雙手去做一些複雜而艱苦的工作……我肯定做得很差勁。」

由阿西莫夫的這些質疑，我們可以得出一個結論：智商並不是絕對的，它所評論出來的價值，並不代表著生命的全部。

智商測驗本來就是由一小部分人決定的，而且把標準強加於人們的身上，事實上每一種測驗都是如此。

接不接受這種世俗的價值標準，其實全看個人。因爲，這個世界實在有太多的人定出太多的評判標準，有些人用財產的多寡作爲衡量標準，有些以朋友知交取勝……所以也不必因爲達到一兩項高標準就不可一世，或因爲幾項不合格而灰心喪志。

光就工作領域而言，所謂「聞道有先後，術業有專攻」，而隔行更如隔座山，沒有接觸的人就是門外漢，我想沒有人敢稱自己是全才萬事通吧？不要落得樣樣通、樣樣鬆就好。

有些人的智商雖然高，可是ＥＱ卻低得可憐，他們的生活不見得會過得比較快樂。

要尊重別人的專才，更相信自己的專業，因爲智商與成就其實沒有絕對關聯的；平凡的人，也能夠展現非凡的力量。

俄國作家契訶夫曾說：「真正的成功者，經常是隱藏在普羅大眾之中，絕不擠向人前去露臉。」

也許你沒有顯赫的家世背景，沒有令人羨慕的耀眼學歷，更沒有一個富可敵國的老爸，但是，只要你肯按部就班，默默耕耘，將每一個挫折都當作成功的起點，就算你是一個普通的小人物，照樣可以出頭天。

堅守自己的人生原則

堅守自己的原則，猶如撐起一把堅固的傘，在面對人生路途上的風風雨雨時，至少還有一個抵擋的力量，可以幫助繼續你前進。

當你的信念遭受到強烈質疑的時候，你有沒有勇氣堅持自己的想法，是否能夠無論外界如何批評都不爲所動？

這個問題相信很多人都不敢肯定回答，畢竟「三人成虎」的例子比比皆是，只要別人聲勢大了些，自己便不自覺地勢弱了下來，最後甚至不禁會懷疑自己是否眞的錯得一場糊塗。

然而，儘管事情的對錯，因爲立場不同，會有不同的答案，我們仍應謹守「明辨是非，相信自己」的原則，如此才能無愧於心，不致懊惱後悔。

古希臘大哲學家蘇格拉底做到了這一點，更加突顯了他的偉大與睿智。

當時，蘇格拉底被當權者——雅典法庭判處了死刑，罪名是傳播異說、敗壞風俗、反對民主、違反城邦宗教，依法令要服毒自盡。

他曾經有機會逃走，但是他放棄了，因爲他堅持身爲公民必須守法。

臨刑之前，一個女人突然跑到他跟前，傷心地哭泣道：「我眞傷心，你什麼罪也沒犯，可他們就要處死你了。」

「傻大姐，」蘇格拉底笑著說：「難道妳希望我犯罪，淪爲一個眞正的罪犯死去才値得嗎？」

當蘇格拉底面對命運之中無法逃避的災厄時，他仍舊神色自若，仍然慷慨激昂地訴說自己的理念，仍然堅守著自己的人生原則，猶如烈士般，爲了自己的信念而慷慨赴義，不貪生苟且，只求無愧於心。

正因爲如此，死亡的陰影沒有辦法籠罩他的心靈，一身哲學家的風骨令後人感佩不已。

這樣一位以生命換取眞理的哲學家，以自己做爲教材，爲世人上了一堂有意義的課。

當然，有些人會對蘇格拉底這樣的行徑嗤之以鼻，畢竟「留得青山在，不怕沒柴燒」，人死了不就什麼都沒有了，更別說什麼信念不信念的，根本沒有實踐的機會。

但是，蘇格拉底值得後人尊敬的理由，在於他願意對自己的人生負責。他始終對自己充滿信心，願意爲了自己的理念而奮鬥，不斷地依循著自己所堅持的道路前進。不論前方有任何人、事、物阻礙，即使是死亡，也不能阻止他的腳步。

這是他無愧於自己的選擇，也是他對生命負責的執著。

每個人都有決定自己人生的自由，我們應該堅持的是，爲自己而活，爲自己所做的決定負責，並且無怨無悔。即便最後發現自己選擇的道路錯了，受到了懲處，也要甘願受罰，因爲，當初選擇不回頭的人，終究是自己。

是非對錯，會隨著立場的改變而有所不同，有時候，在當下看似錯誤的決定，經過時光的流轉，也許就是一項先進的想法，何必在別人的七嘴八舌裡過得進退兩難呢？

畢竟妄想討好所有的人，還不如相信自己就好。堅守自己的原則，猶如撐起一把堅固的傘，在面對人生路途上的風風雨雨時，至少還有一個抵擋的力量，可以幫助你繼續前進。

善用智慧，才能佔盡優勢

達到目的的途徑絕對不只一條，善用智慧選擇一條適合自己的道路，方能事半功倍地走完全程。

法國哲學家沙特曾寫道：「如果我不盡力按照自己的意願去生存的話，我總覺得活著是很荒謬的事。」

不要害怕對手的競爭，勇敢做你自己。真正能夠主宰自己生活的人，是那些不論遇到任何艱辛困阻，也要堅持相信自己的人。

做事的方法有很多，一味地埋頭苦幹，絕對不是成功的唯一因素，在競爭激烈的社會上，光是認真還不夠，不懂得善用腦子，可能就得多走一段冤枉路了。

有一個地區，有兩個報童在賣同一分報紙，兩個人是競爭對手。

第一個報童很勤奮地工作，每天沿街叫賣，嗓門也很響亮，可是每天結算下來，賣出的報紙並不是很多，而且還有日漸減少的趨勢。

反觀第二個報童卻不同，他除了沿街叫賣外，還每天固定去一些場所，事先分發報紙給大家，表示過一會兒再來收錢。隨著地方越跑越熟，賣出去的報紙也就越來越多，當然，難免也會因爲有些人看了報紙不肯付錢，而蒙受一些損耗，但相對來說比率很小。

漸漸地，第二個報童賣出的報紙愈來愈多，而第一個報童則銷售量日減，最後不得不另謀生路。

有位經營大師仔細研究第二個報童的做法，指出其中大有深意：

第一，在一個固定地區賣同一分報紙，客戶其實是有限的，也就是說，買了乙賣的報紙，就不會再向甲買。所以，乙先把報紙發出去，這些拿到報紙的人既然已經看了報紙，就肯定不會再向別人買，等於讓乙先占領了市場，乙發越多，對手的市場也就相對縮小。這無疑對競爭對手的利潤和信心都構成打擊。

第二，報紙屬於隨機性購買的產品，加上又有時效性，一般而言不會因品質問題而退貨，而且價錢不高，大家也不至於會看了不給錢，今天沒零錢，明天也會一塊兒給，總不會刻意欺負小孩子。

第三，即使有些人看了報，退報不給錢，也沒什麼關係。一則退回來的報紙只要狀況良好，還是可以轉賣給他人，二則這人已經看了報，肯定不會再向別人買報紙，還是自己的潛在客戶。

連賣報紙都可以有一番學問，更何況其他事物呢？只要對經手的事物投入一分苦心，終究會有所回報。

第二位報童懂得鞏固自己的勢力範圍，逐漸向對手的領地伸出觸角，再以預覽後售的策略，在打擊敵人的同時壯大自己的聲勢。

他除了仔細觀察產品的特色及顧客購買的特質，更不怕風險，以小利養大利，終於成功地佔領了絕大多數的市場。想買報紙的人，多半會記得這麼一位賣報紙的聰明小孩，想要買報紙時，也多半會想起他，造成既定印象，這就達到了廣告的目的。

第一位報童的做法並沒有什麼錯誤，只是太過於保守，不懂得變通，當局勢被人改變的時候，就容易措手不及而被逼入絕境。

總而言之，金錢和機會都不會從天上掉下來，都是得靠自己去爭取。

保守的做法當然能保本，但相對的也就難有大獲利；小小的犧牲，有時候反而有不少意外的收穫，就像第二位報童損失了幾分報紙的收入，卻大幅地提高了市場的占有率，對他未來的銷售有了極大的助益。

達到目的的途徑絕對不只一條，善用智慧選擇一條適合自己的道路，方能事半功倍地走完全程。

設法提升自己的競爭力

發揮自己的長處，修正自己的短處，不要因為一時的情緒而在周遭樹立敵人，這才是真正的工作哲學。

在職場上難免會遇上和自己磁場不合的上司或下屬，兩者之間的爭執過烈的話，連工作也會受到影響。

許多人離職的原因，都是因爲人事上的不愉快。只是，這就像在玩大眼瞪小眼的遊戲，誰先把自己的目光移開，誰就先認輸了。

有一個人一直對於自己的工作環境相當不滿意，有天忿忿不平地向朋友抱怨：「我的上司一點也不把我放在眼裡，老是對我呼來喚去，改天我就要對他拍桌子，老子不幹了。」

他的朋友反問：「你對於公司的作業都完全弄清楚了嗎？他們在商際貿易上的操作訣竅，你完全弄通嗎？」

「我才去沒多久，哪搞得清楚？你知道嗎？他的態度實在太惡劣，眞讓人受不了。」那個人始終平靜不下來。

「唉！君子報仇十年不晚，我勸你先好好地把他們的貿易技巧、商業事務和公司組織運作……等等全部弄清楚，最好連怎麼修理影印機的小故障都學會，然後再辭職，反正對你也沒什麼壞處。」

那個人終於聽從了朋友的建議，決定先耐住性子，默默記、偷偷學，甚至下班之後，也還留在辦公室研究自己不了解的問題。

一年之後，他的朋友再次偶然遇到他，兩人又談及此事：「你應該學得差不多了吧，可以準備拍桌子不幹了啊！」

那人囁嚅了一陣：「可是，我發現近半年來，老闆對我的態度有一百八十度的轉變，最近更常常把重要的事情交給我來處理，又是升職、又是加薪的，好像我已經成爲公司的紅人了！」

「我早料到了！」他的朋友笑著說：「當初你的老闆不重視你，是因爲你的能力不足，只知抱怨又不肯努力學習，後來你痛下苦功，擔當日鉅，當然會令他對你刮目相看。」

表面的好壞，有時不見得就是眞正的好或壞，如果從來沒有深入去瞭解、學習，或許根本就不會發現其中的奧妙及有趣之處，輕易地驟下斷言，只會使你失去了一次很重要的成長機會。

只知抱怨別人的態度，卻絲毫不反省自己的能力與做事的態度，這是人們常犯的毛病。

一拍兩散的結果，其實是雙方的損失，也是時間和精力的浪費。就像故事中那位朋友建議的，利用公司作爲自己免費學習的地方，等所有的事務、技巧都學會了、弄懂了，再一走了之，不是既出了氣，又有許多收穫嗎？

不曾付出，有什麼權利去要求收穫？

如果下過功夫仍然毫無所得，那至少能確定自己是眞的不適合目前的工作，但如果只是一直在邊緣遊走，那麼永遠不會瞭解其中有什麼值得學習探討的事物，而上司也更永遠不會發現你的優點。

果眞如此的話，上司不過是失去了一名不稱職的助手，而你卻是失去了一個學習的機會，誰是輸家，其實顯而易見。

不如控制自己情緒，深入瞭解公司的運作狀況，吸收所有的優點，發掘唯有在這個工作環結才能知道的事物，將之熟練到無人能及的地步，那麼，老闆無論如何都會想留住你這個人才的。

發揮自己的長處，修正自己的短處，才能提升自己的競爭力，千萬不要因爲一時情緒而在周遭樹立敵人，這才是眞正的工作哲學。

管好自己的雞毛蒜皮事

星星之火就足以燎原，凡事最好還是在雞毛蒜皮的時候就趕快處理，才能防患於未然，免得到了最後災難像雪球一樣愈滾愈大，便難以收拾了。

和作姦犯科、殺人越貨比起來，搭公車不讓坐，排隊買票插個小隊，聽起來似乎都不是什麼大不了的要緊事。

儘管常言道：「勿以善小而不爲，勿以惡小而爲之」，可是，一般人不免卻常常嫌棄舉手可得的小善行，輕易犯下一些看起來無傷大雅的小錯小惡，總是認爲「那又沒有什麼大不了的」。

但別忘了，凡事總是積少成多，壞事也是如此。

大哲學家柏拉圖有一次就一件小事，毫不留情地訓斥了一名小男孩，只因爲這小孩老是在玩一個很愚蠢的惡作劇遊戲。小男孩被痛罵一頓，心裡當然很不服氣，說道：「您爲什麼爲了這一點點雞毛蒜皮的小事而譴責我？」

「如果你經常這樣做的話，那就不是雞毛蒜皮的小事了。」柏拉圖回答說：「因爲，你將會養成一個終生受害的壞習慣。」

人是很容易習慣的動物，經常接觸美好的事物，久而久之就漸漸感受不到其中的美好，而身處於不良環境之中，日子久了，也不再覺得有什麼特別糟的感受，因爲習慣了嘛！

柏拉圖就是這個意思。即使小男孩現在所做的只是個無傷大雅的惡作劇，被捉弄的人儘管當時覺得哭笑不得，還是會因爲對方是個半大不小的男孩，而不跟他計較。但長久下來，小小的惡作劇可能會演變成更惡劣的行徑，而在男孩心中卻只不過是另一項刺激的冒險罷了。這樣的結果，絕對不算是雞毛蒜皮的小事。

仔細想想，「習慣」還眞是可怕！

當你將丟張紙片視爲自然，日後丟包巨大垃圾，在你來說可能也不算什麼了，當所有的人都任意丟出一包巨大垃圾的時候，我們還能處之泰然嗎？

就好比吸毒成癮的人，並不是一開始就會被毒品控制，而是在一點一點「沒什麼大不了」的嘗試之後，覺得再多一點點也沒什麼關係，於是多一點點、再多一點點，最後變成了不可收拾局面，終於成了身不由己的毒品禁臠。

做事要從小處著眼，將每一個小環節都視爲重要關鍵，所謂防微杜漸，就是要在事物出現不良徵兆之初，及時加以限制，不讓其伺機擴大，以免造成難以掌控的後果。別忘了，星星之火就足以燎原，凡事最好還是在雞毛蒜皮的時候就趕快處理，才能防患於未然，否則到了最後，災難像雪球一樣愈滾愈大，便難以收拾了。

只要本事夠，不怕沒報酬

當你要求老闆「同工同酬」的時候，別忘了先衡量一下自己是不是真的做到同工，不然的話，這個「酬」，老闆是不會付的。

在工作職場中，各種競爭不斷，其中最令人在意的就是同工不同酬的問題。一旦員工發現自己和別人做相同的工作，薪水卻領得比別人少，很少人不會暗中跳腳，甚至找機會和老闆理論一番的。

可是，在理論之前，最好先冷靜地把事情再分析一次，確認自己的確理直氣壯，不落人把柄。

先看看下面這段故事吧！

有兩個年齡相同的年輕人，同時受僱於一家店鋪。剛開始，兩人拿的是同樣的薪水，可是，試用期過後，其中名叫阿諾德的小夥子青雲直上，而另一個叫布魯諾的小夥子卻始終停在原地踏步。

布魯諾對於這樣的結果相當不滿意，打從心底不服老闆的不公平待遇。有一天，他終於忍不住了，衝到老闆那兒狠狠地發了一頓牢騷。

「布魯諾先生，」老闆聽完他的抱怨，開口說話了：「請你現在到市集去一下，看看今天早上賣些什麼。」

布魯諾不明就裡，到市集上逛了一趟，回來向老闆匯報說，今早市集上有一個農人拉了一車土豆在叫賣。

「土豆？有多少？」老闆問。

布魯諾心裡一慌，連忙戴上帽子又跑回市集詢問，然後回來告訴老闆一共四十袋土豆。

「價格是多少？」

布魯諾又第三次跑到市集問價格。

「好了，」老闆對他說：「現在請你坐到這把椅子上，一句話也不要說，看看別人怎麼做。」

老闆叫來阿諾德，下了同樣的命令，要他到市場看看今天賣些什麼。

阿諾德很快地從市集回來了，向老闆匯報說到現在爲止只有一個農人在賣土豆，一共四十袋，價格十分合理，土豆品質也不錯，他帶回來一個讓老闆看看。

阿諾德又說，他和這名農人談過之後，知道這名農人一個鐘頭以後還會再載幾箱紅柿來市集賣。

他認爲農人開的價格非常公道，加上昨天舖子裡的紅柿賣得差不多了，老闆肯定需要進一些貨，所以他不僅帶回了一個紅柿做樣品，還把那名農人也帶來了，正在外面等著交易呢。

老闆聽完了阿諾德報告後，轉身向布魯諾說：「現在，你知道爲什麼阿諾德的薪水比你高了吧？」

員工當然有權利要求老闆給予合理的待遇，但是站在老闆的立場，雖然知道「要馬兒會拉車，又要馬兒不吃草」是不可能的事，可是在吃同樣草料的馬匹中，跑得快、會拉車的當然是最好的，就算多吃幾口草也無妨，如果能夠一個抵三個用，那可就大大划算了。

沒有一個老闆不喜歡全方位的人才，好人才不只要能預設問題，主動尋求答案，甚至要能企劃未來。

像故事中的阿諾德，不只懂得舉一反三，更能善用自己的觀察力，將老闆可能的需求全都設想了一遍，還能爲老闆提供許多建議，所以，他只上市集一趟，就把所有的資料收齊，既省時又不費力。這些小小的動作看似微不足道，卻有著天差地別的成效。

只要本事夠，當然有本錢要求待遇，萬一老闆不識貨，大可「此處不留爺，自有留爺處」，到別處吃飯去，進可攻，退可守。

當你要求老闆「同工同酬」的時候，別忘了先衡量一下自己是不是眞的做到同工，不然的話，這個「酬」老闆是不會付的。

只是，「揣測上意」這樣的事情還是要懂得適可而止，否則有時聰明反被聰明誤，沒能切中老闆的心，反而背上「畫蛇添足，多此一舉」的惡名，可就吃不了兜著走了。

你可以選擇對自己負責

尊重自己的選擇，也為自己的決定負責。不管自己的現在是什麼，但對於自己的未來，你可以規劃出美好的遠景，再靠自己的實力，一步一步去實現。

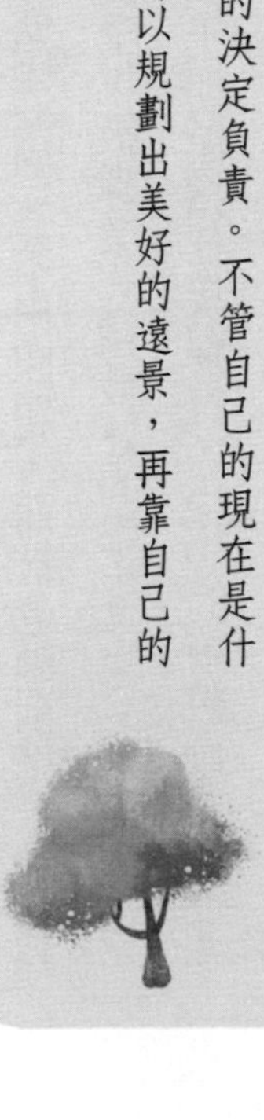

每一個人都應該對自己的人生負責任，因爲每個人的人生，都是來自於自己的選擇。

乍看之下，人生當中會出現許許多多不得已的抉擇，但是做出這些最後決定的人，難道不是我們自己嗎？

環境雖然會影響我們做決定，但是那只是讓我們的選擇範圍縮小，最後下定論的人還是我們自己。是我們自己決定聽從父母的意見選擇升學而不就業，是我們自己決定不理會師長的建議，是我們自己決定要成爲一個成功的社會人……既然是自己的抉擇，那就必須對自己負責。

下面這個小的故事，或許可以給我們一點點啓示。

曾經擔任北京外交學院副院長的任小萍女士曾說，在她的職業生涯中，每一步都是上級安排好的，自己並沒有什麼自主權，但在每一個崗位上，她都有自己的選擇，那就是要做得比別人更好。

一九六八年，任小萍成爲北京外國語文學院中的一名工農兵學員。當時，她年紀最大，卻成績最差，第一堂課就因爲回答不出問題，而被老師罰站了一堂課。但等到畢業的時候，她已成爲全年級課業成績最好的學生之一。

大學畢業後，她被分發到英國大使館擔任接線員。小小的接線員，是很多人覺得沒出息的工作，任小萍卻把這個普通工作做得頗爲精采。

她把大使館裡所有人的名字、電話、工作範圍，甚至連他們的家屬名字都背得滾瓜爛熟。如果有電話進來，卻不知道該找誰處理，她就會多加詢問，從談話中的蛛絲馬跡，儘量幫忙迅速且準確地找到正確的人員。

慢慢地，使館人員如果有事需要外出，不會告訴他們的助理，而是交代她會有誰來電話，要轉告些什麼，甚至私事也委託她處理，於是任小萍便成爲了大使館的留言中樞兼大秘書。

有一天，駐英大使竟然親自跑到接線室，笑瞇瞇地稱讚她，這可是破天荒的事。沒多久，她就因爲工作出色而被破格調到英國某大報擔任翻譯。

該報的首席記者是個名氣很大的老太太，得過戰地勳章，還被授封爲勳爵；本事大，脾氣也大，一連把好幾個翻譯給趕跑了。她剛開始也不要任小萍，看不上她的資歷，後來才勉強同意一試。

一年後，老太太卻經常對別人說：「我的翻譯比你的好上十倍。」

不久，工作出色的任小萍又被破例調到美國駐華聯絡處，她做得又同樣出色，還獲得了外交部嘉獎。

許多事其實不須怨天尤人，因爲大部分時候自己的悲慘下場，都是自己造成的，眞的怨不得別人。

就像任小萍，到大使館擔任接線生，或許並非出自於她的意願，但是她卻決定將自己的本分做到最好，所以在不知不覺中，她掌控了自己的命運，引導自己走向成功的道路。

天資或許是人生下來就注定好的，但是，唯有後天上的努力才能決定自己的命運。

愛迪生曾經這麼說：「天才是由百分之二的靈感，加上百分之九十八的汗水造成的。」

名畫家齊白石也說：「一分天才，九分苦練。」

要成就未來，就必須要先踏實前進。

任小萍不是最聰明的人，但她卻是最認眞、最努力的人。在外人看來沒出息的工作裡，她發掘工作中的價值所在，甚至營造自己的工作價值。由於她的努力不懈，讓人看出了她的與眾不同，進而認同她的實力。

如果一個人只想要獲得成功，卻不願意投入自己的氣力，那麼，別人是沒有辦法給他任何機會的，或者該說，他根本看不見任何機會。

展現自己的良機就在眼前，然而，如果你不願盡力去爭取，這個機會就不再屬於你。

尊重自己的選擇，也爲自己的決定負責。不管自己的現在是什麼，但對於自己的未來，你絕對可以規劃出美好的遠景，也可以靠自己的實力，一步一步去實現。

要有別人模仿不來的胸懷

唯有真正的實力不容質疑，與其憤怒於別人的抄襲，不如以寬大的胸懷去接受別人眼中的自己，進而磨練出別人模仿不來的特質。

人，喜歡自己是獨一無二的個體，痛恨別人抄襲自己。

然而，吊詭的是，人也喜歡追求流行，喜歡和別人一樣，以免顯得落伍。特別是當偶像穿了什麼、吃了什麼、甚至做了什麼，似乎只要和他一樣，就覺得很光榮、很快樂。於是，滿街相似的鞋子、相似的背包、相似的髮型……

既然人們不喜歡被抄襲，那麼當發現自己被人模仿、甚至被複製時，心裡會有什麼樣的感受呢？

在藝術界有舉足輕重地位的名畫家畢卡索，曾經有過這麼一個經驗。

既然畢卡索是世界知名的繪畫大師，他的作品無論是畫作還是雕塑品，都是美術收藏家愛不釋手、爭相收藏的寶貝。也因爲他的作品價值及效益相當高，於是坊間出現了許多贗品，企圖蒙蔽藝術品鑑賞力不夠專精的收藏者。

仿冒者靠著贗品賺進了大把的鈔票，當然也就代表者畢卡索蒙受嚴重的損失。這樣的消息或多或少也傳進了畢卡索的耳裡。

然而，畢卡索對於有人仿冒他的作品一事絲毫不在乎，也從不追究，頂多只是把僞造的簽名塗掉罷了。有人對於他的做法相當不解，忍不住問他爲什麼這樣做。

畢卡索說：「作假畫的人，不是窮畫家就是老朋友。我是西班牙人，不能和老朋友爲難，窮畫家朋友們的日子也不好過，再說，那些鑑定眞跡的專家也要吃飯。畢卡索的假畫使許多人有飯吃，我也不算吃虧，爲什麼要追究呢？」

能有如此寬闊的胸襟，難怪可以成爲大師。因爲，畢卡索心裡明白，是因爲自己的畫作有非凡的價值，才有人要費心力去仿作，而有了這些人的仿作無形中也更增加了原作的價值。

換句話說，唯有夠出名的人，會成爲衆人模仿的對象。

如果，畢卡索只對自己眼前的利益有興趣，只在乎贗品讓自己的利益蒙受損失，而不是展現出自己的作品有著贗品模仿不來的品質與實力，那麼，他根本沒有生氣的立場。

因爲，說不定當贗品的作者，將自己的實力展現在自己的作品上時，或許世界上就出現了另一位優秀的藝術家。

唯有眞正的實力不容質疑，所謂「眞金不怕火煉」，與其憤怒於別人的抄襲，不如以寬大的胸懷去接受別人眼中的自己，進而磨練出別人模仿不來的特質。

2. PART

與其消滅敵人，不如增加盟友

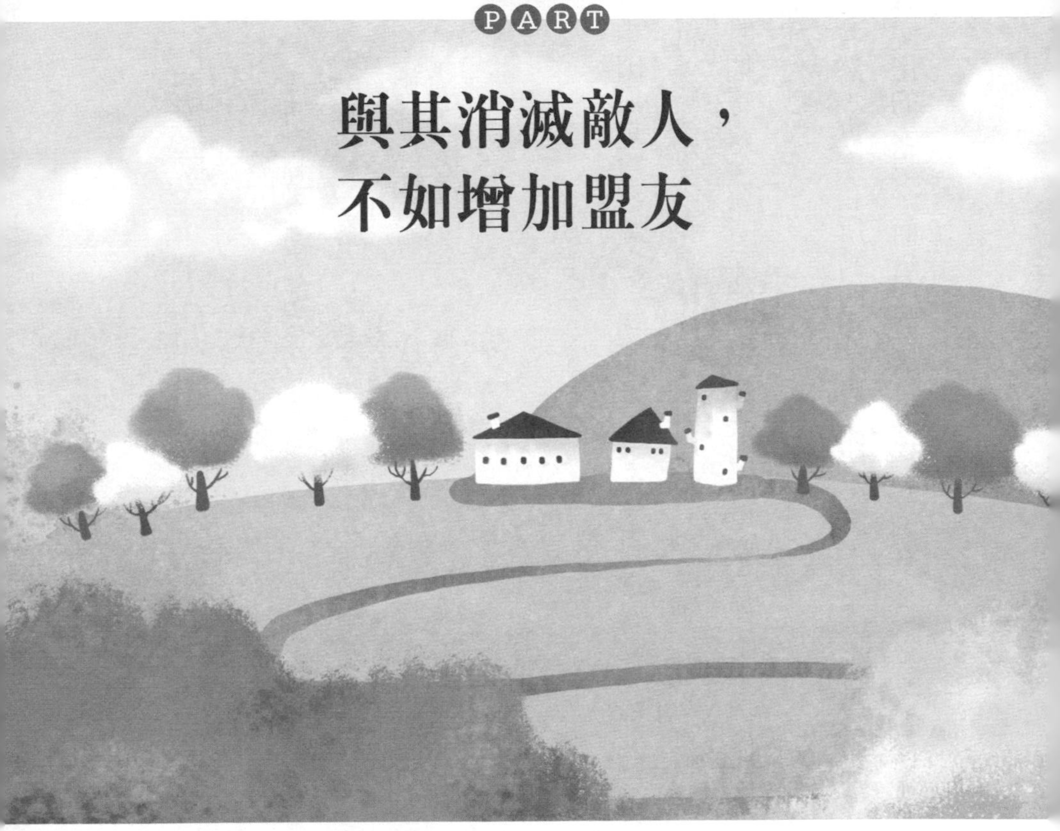

以時間換取空間，
以不流血、不衝突的方式，
無形之中，也能達成敵消我長的目的。

迷信權威，不如相信自己

要有判斷是非對錯的能力，只要認為自己是對的，就要極力堅持到底，因為就算你不是專家，你也不一定就是錯的。

愛因斯坦曾經說過：「專家只不過是訓練有素的狗。」然而，在現今的社會中，許多人還是不免要聽任專家與權威人士擺佈。

打開電視、報章、雜誌，每天都有專家教你吃，教你打扮，教你如何生活、教你如何炒股票……

當然，專家和所謂的權威人士所說的，的確是他們的做法在某些領域中有過較爲突出的表現，而這些方法也得到較多數人的認同，有些時候的確很有參考價值。

但是，專家和權威人士也是不斷在摸索、不斷在修正的凡人，是否要將他們的話奉若圭臬，毫不考慮地全盤接受，就很值得商榷了。

世界知名的日裔交響樂指揮家小澤征爾，在一次歐洲指揮大賽的決賽中，按照評委會給他的樂譜指揮演奏時，發現幾處感覺不太和諧的地方。

他認爲是樂隊演奏錯了，於是停了下來，要求重新演奏，但一連試了幾次，仍然覺得不如己意。

當時，在場的多位作曲家和評委會的權威人士都鄭重地說明，樂譜絕對沒有問題，那只不過是小澤征爾的錯覺罷了。然而，這些音樂大師和權威人士的一致保證，卻無法化解小澤征爾心中的疑惑，依據他的專業判斷，認爲樂譜本身一定有瑕疵。

他低頭沉默地思考再三，突然大吼一聲：「不，一定是樂譜錯了！」

他的話音剛落，評審台上立刻報以熱烈的掌聲。

原來，這是評委們精心設計的圈套，以此來檢驗指揮家們在發現樂譜錯誤並遭到權威人士「否定」的情況下，能否堅持自己的正確判斷。

小澤征爾之前的兩位參賽者，雖然也同樣發現了問題，但最終卻因選擇屈服於權威，不敢提出質疑，所以遭到淘汰。

小澤征爾堅持自己的信念，勇於挑戰權威，因此，贏得了這次指揮家大賽的桂冠殊榮。

專家也可能判斷錯誤，專家也可能受到蒙蔽，專家說的不見得每件事都是對的。所以，人必須有自己的原則，必須有判斷是非對錯的能力，必須有勇於堅持到底的決心。

哲學家柯別里說過：「如果我們自己比擬為泥塊，那我們最後就會成為被人踐踏的泥塊。」

如果凡事沒有自己的主見與堅持，只不過隨波逐流，盲目地追隨權威人士的腳步，不斷屈從於別人的想法，終究會成爲被人踐踏的泥塊而不自知。

日前不是曾經發生過這樣的新聞嗎？

有位在電視頻道上爲觀衆分析股票走勢的大師，剛開始的分析和內線消息的確讓某些人賺了錢，於是吸引了大量的股票族，紛紛加入成爲會員，將之奉若神明。

只要他在電視上告訴大家去買某股票，第二天，就會因爲買氣熱烈而拉出紅盤，或者只因他透露了某股票的壞消息，接著就引起劇烈的走勢震盪，來不及跑掉的人，就慘遭套牢。

原來，他是利用自己的威望，集結所有的散戶的力量，針對特定的股票進行炒作，當一大堆會員因聽信他的話而脫不了身時，權威大師早已於事前大量拋出手中持股，翹著二郎腿數鈔票了。

你能說那些被套牢的股票族愚笨嗎？

我想，他們只是不夠聰明，不敢敢相信自己罷了。

當他們的直覺告訴自己事情可能有問題的時候，他們卻選擇漠視心中的警訊，執迷不悟的結果，受傷害的當然是自己。

法國文豪大仲馬曾經在他的著作中寫道：「未來有兩種前景，一種是猥猥瑣瑣的，一種是充滿理想的。上蒼賦予人自由的意志，讓人可以自行選擇，你的未來就看你自己了。」

人要有判斷是非對錯的能力，只要認爲自己的判斷是對的，就要極力堅持到底，因爲就算你不是專家，你也不一定就是輸家。

創意，就是成功的動力

廣告要是做得恰到好處，簡單的一句話，就能發揮最大的效用，如同在平靜的湖水中，投入一個激起陣陣漣漪的石子。

再好的產品，沒有良好的包裝，很難吸引群衆的目光，當然也難以博得大衆的認同。

譬如，一個質感美味的蛋糕，若沒有加上精緻的鮮奶油、水果……等裝飾，似乎就不容易讓人有食指大動的感覺。反之，一個包裝精美的禮盒，似乎就會讓人覺得裡頭的價值一定不低。

包裝的手法，說來可有大學問，非但要做得能勾起別人想一探究竟的興趣，創意還要能玩得自然且不露痕跡。

如此一來，才能達到宣傳與促銷的效果。

知名的英國文學作家毛姆成名之前，生活過得相當清苦，雖然創作的作品不少，但是銷售狀況不佳，不免有著懷才不遇之憾。

於是，他不斷苦思究竟要如何增加文章的價值，讓自己有機會得到讀者的賞識。有一次，當他完成一部小說之後，爲了宣傳造勢，便匿名在報紙上刊登了這樣一分徵婚啓事：「本人喜歡音樂和運動，是個年輕又有教養的百萬富翁，希望能和毛姆小說中的女主角一樣的女性結婚。」

幾天之後，毛姆的小說便被搶購一空。

所以說，廣告要是做得恰到好處，簡單的一句話，就能發揮最大的效用，如同在平靜的湖水中，投入一個激起陣陣漣漪的石子。

人人爭相口耳相傳，就是所謂廣告的效益，掌握人們習慣性心態，廢話不多說，就能得到意想不到的效果。

激勵作家戴爾．卡耐基曾經寫道：「如果在自己非常想要做的事情未能成功，不要立刻接受失敗，試試別的方法，因為你的弓不會只有一根弦，只要你願意找到另外的弦。」

未來的人生究竟會怎樣，完全在於你從什麼角度去處理自己所遇到的人生問題，用不同的角度去解決同樣的問題，往往會得到不一樣的結果。

在毛姆的廣告中，營造出一種神祕感與高貴感。他以年輕又有教養的百萬富翁作爲前題，塑造出許多人夢寐以求的黃金單身漢形象，首先吸引了想嫁給百萬富翁的衆家女孩注意；接著是又嫉妒又羨慕的衆家男孩，也想知道究竟百萬富翁想娶的女孩和自己理想中的伴侶有什麼差別。

於是，每個人都想知道「毛姆小說中的女主角」究竟是怎麼樣的人，當然這本書不大賣不行。

因為，那則廣告已經成功地引起大衆的注意，儼然成為一種新流行，不知道「毛姆小說中的女主角」究竟是什麼樣子的人，成了嚴重落伍的ＬＫＫ，豈是一個遜字了得？

這就是成功的廣告，這就是成功的宣傳，如果毛姆沒有掌握出奇制勝的法則，只是一味待在家裡苦等有心人來敲門，那麼恐怕等得再久，都還是默默無聞。

這則令他頓時成為衆人焦點的廣告，成功地為他打開作品的知名度，也讓更多人知道他的文采，進而瞭解，進而欣賞，形成了他創作的新動力。

琢磨出興趣的第二專長

工作環境只能綁住你一段固定的時間，只要能於工作時間內將自己的本分完成，其餘的時間便全部都掌握在自己手中，要如何運用，當然也全看自己的安排。

許多激勵大師都強調：「自己愛做的工作才是最好工作」，也就是說，能以自己的興趣爲工作，才是最幸福的。

然而，也有人說，一旦你將興趣當成謀生工具，興趣中的樂趣將會完全被消磨殆盡。

那麼，或許最好的方法，就是從兩者之中取得平衡，說不定能意外地獲得料想不到的收穫。

在荷蘭，有一個年輕的農夫，學歷只有中學畢業，他離開自己的家鄉來到一個小鎮，幸運地找到一分替鎮公所看門的工作。由於這是一個相當穩定的工作，工作內容也不太複雜，於是他一直待在這個崗位上，工作了六十多年。他一生沒有離開過這個小鎮，也沒有再換過工作。

也許是因爲工作太清閒，而他當時又太年輕，不免想在工作之餘，找些事情來做，打發打發時間。於是，他選擇了費時又費力的打磨鏡片，作爲自己的業餘愛好。

就這樣，他磨呀磨，一磨就是六十年，一點也不覺得辛苦，反而磨出了興趣，對於琢磨鏡片的技巧有了相當多的領悟。

他是那樣地專注，細緻的磨鏡技術其實已經遠遠超過一般的專業技師了，由他磨出的複合鏡片，放大倍率都比別人的來得高。

後來，科學家藉由他所琢磨的鏡片，竟然發現了當時科技界尚未知曉的另一個廣闊的世界——微生物世界。從此，他聲名大振，只有中學學歷的他，榮獲巴黎科學院院士頭銜，連英國女王都曾來到小鎮拜會過他。

這名創造奇蹟的小人物，就是科學史上大名鼎鼎，活到九十歲高齡的荷蘭科學家萬．劉文虎克。

他實實在在地把手頭上的每一塊玻璃片磨好，用盡畢生的心血，致力於每一個平淡無奇的細節，力求每一個細節的完善，科學家們也因此得以透過這些細節裡，看到了更爲廣闊的科學前景。

在工作之餘，你會選擇什麼樣的方式來消磨時間？

是一票酒肉朋友爲了消除生活與工作帶來的壓力，從小酌一杯到夜夜喝得醉生夢死？還是天天唱ＫＴＶ，狂歌到天明？

這樣的休閒模式或許在極度的歡樂之後，遺留下來的，反而是更多的疲勞與極度的空虛和落莫感。

有些人則利用休閒之餘，培養自己的興趣，在持續努力不懈之下，開發出自己的第二專長，於正職之外，走出了一片全新的天空。

所以，面對乏味的工作環境，無須因此而灰心喪志，認爲自己永遠沒有出頭的一天。因爲，工作環境只能綁住你一段固定的時間，只要能在工作時間內將自己的本分完成，其餘的時間便全部都掌握在自己手中，要如何運用，當然也全看自己的安排。

如此一來，既不須煩惱沒有辦法維持自己的生活，又可以持續自己的興趣，或許長久下來，也能像萬．劉文虎克一般，走出生命的另一番遠景。他並沒有揚棄他原本的生活方式，只是更加專心致力於自己的興趣當中，從中尋覓出自己人生中的另一種價值。

人多勢眾不一定就會成功

真理是越辯越明的，別人的批評反而可以讓自己有更多的機會，以另一個角度看待事情。

常言道：「三人成虎」，意思是說，只要有幾個人在街上傳說路上有老虎出沒，最後大家就會信以爲眞了。

謠言傳得多了，常常會混淆視聽、以假亂眞，所謂「一人傳虛，萬人傳實」，說的也是這個道理。然而，眞的只要一些人隨口說說，眞相就會因此而被謊言掩蓋了嗎？還是說，即使千萬人都認爲是錯的，只要是眞理，就有撥雲見日、水落石出的一天？

科學家愛因斯坦自從提出了相對論之後，便在科學界引發了一場巨大的波濤，因爲他的創見當中有不少理論，顛覆了傳統的觀念與說法，因此得到的褒貶不一。一九三〇年的時候，德國曾經出版了一本批判相對論的書，書名就叫做《一百位教授出面證明愛因斯坦錯了》。

愛因斯坦知道這件事後，卻禁不住哈哈大笑。

他說：「一百位教授，幹嘛要這麼多人？只要能證明我眞的錯了，哪怕一個人出面也足夠了。」

愛因斯坦就是有著這樣的自信，所以他根本不怕與人辯論，因爲眞理是越辯越明的，別人的批評反而可以讓自己有別更多的機會，以另一個角度看待事情。他的從容態度告訴我們，只要自己覺得自己是對的，那麼，不管有多少人反對，都應該堅持下去。

所謂「先者難爲知，後者易爲攻」，率先提出新理論、新想法的人，本來就會遭受到其他人的質疑與批判。唯有千錘百煉之後，所存留下來的，才是不容辯駁的眞理。

行事當然要抱持著懷疑的態度，才不會讓自己落入人云亦云的陷阱裡，才能夠保持清明的理智，從各種角度去思考可能的盲點，去判斷事情的是非對錯。除此之外，既然透過自己的推論與判斷得出了結論，就要對自己的答案有信心，不要每每想找人背書，非得要一群人壯大了聲勢，才敢去找人理論，這不反而顯得自己氣弱了嗎？

一百位教授又如何？人數的多寡並不是致勝的唯一要素，重點在於所使用的武器夠不夠精良，有沒有睿智的攻防策略。

也就是說，切入的角度和論點，是不是眞有與別人抗衡的能力，如果是的話，最後留存下來的才是最站得住腳的理論。

有些事，不要說破比較好

當感受到別人的善意時，別忘了要以善意回報；懂得體貼別人的感受，才能獲得別人的尊重。

在人生的旅途中，總會出現許多「貴人」，提供了許多不同的建議。能夠虛懷若谷，虛心地接受他人的意見，當然可以幫助自己釐清混亂的思緒，有時說不定這是及時照亮自己生命的一盞明燈。

可是，有時候，「貴人」一下子出現太多，給了完全相反的建議，那麼究竟該聽誰的呢？會不會反而讓原本的情勢變得更加混亂呢？

萬一，別人的建議和自己的思考方向截然相反，那麼又該如何是好呢？如果斷然推拒，又是否會被視爲不知好歹或目中無人呢？

有一回，日本知名的歌舞伎大師勘彌，在劇中扮演古代一位徒步旅行的旅人，當他正要準備上場表演時，一個門生好意地提醒他說：「師傅，您的草鞋帶子鬆了。」

他回答了一聲：「謝謝你。」然後蹲下來，繫緊了鞋帶。

然而，當他走到門生看不到的舞台入口處時，卻又蹲下，將才剛繫緊的鞋帶又再度扯鬆。

戲一開鑼，才知道他是想以拖著鬆鬆垮垮的草鞋，來表現旅人長途旅行的疲態，如此細膩的演技，讓人看出勘彌的過人之處。

這一幕，正巧落入一位到後台採訪的記者眼中，等戲演完了，記者連忙藉機問勘彌：「爲什麼你不直接告訴那位門生你的想法呢？顯然他是不懂得這幕戲的眞諦呀。」

勘彌只是笑笑地回答說：「對於別人的親切關愛與好意，必須坦然接受，想要教導學生演戲的技能，機會多的是，在今天的場合，最重要的是，要以感謝的心，去接受別人的提醒。」

的確，別人提出的建議，不論適不適用，多半都是出於好意與關心，是以善意爲出發點。但是，既然是別人，自然就不會明白自己內心的眞實想法，有時難免會有幫錯忙或幫倒忙的情事發生。

爲了規避這種狀況發生，是否就非得採取斷然拒絕的方式？如果勘彌直接拒絕門生的好意，要他不必雞婆，那麼，是否會因此刺傷門生，使他心中產生羞愧的陰影？至於勘彌本人，即將上台的心情，是否也會因此受到影響？

讓對方伸出的友誼之手僵持在半空中，下不了台的恐怕不只對方一人吧，想必連當事人自己也會尷尬得很！

所以，勘彌的處理方式很值得讓我們進一步思考。勘彌當然可以直言不諱，指出門生不懂之處，給他當頭棒喝，這個教訓應該會讓門生印象深刻，但是，相對的，心中的羞辱感，必定也是久久揮之不去吧！

如何透過委婉的方式讓門生理解事物的眞諦，才是教育的最佳形式。

傳道、授業、解惑，可不是只有一種方法而已，重要的是從各個層面讓學生有所學習，有所收穫。勘彌溫和不傷人的做法，顧全了彼此的尊嚴，也維持了當時的和諧氣氛，不愧是一代宗師。

當感受到別人的善意時，別忘了要以善意回報；懂得體貼別人的感受，才能獲得別人的尊重。

懂得放手，才是智慧管理

主管就是主管，下屬就是下屬，讓屬下做自己該做的事，使他們發揮最大的實力，才能集結眾人之力，使組織發揮真正的功效。

有位成功學大師這麼說：「別幫屬下養猴子」，又說「別帶屬下的猴子回家」，還說「別讓屬下的猴子跳到自己的背上」。

這是管理學上常常提及的有趣例子，說明身爲主管，要如何運用自己的智慧，成功且省事地領導自己的工作團隊，使他們發揮最大效益。

管理上最重要的事，就是要懂得責任分工與充分授權。

關於組織管理，曾經有過這麼一個例子。

彼得．杜拉克是美國一位相當著名的管理學者，而曾經擔任美國通用汽車公司總經理的斯隆，則被西方管理學界譽爲「現代化組織的天才」。

一九四四年，斯隆聘請彼得．杜拉克擔任通用汽車的管理決策顧問。兩人初次見面時，斯隆對杜拉克說了這樣的話：「我不知道我要你研究些什麼，也不知道要你寫什麼，更不知道最後該得出什麼樣的結果，因爲這些都是你的任務。」

斯隆唯一的要求，就是希望彼得．杜拉克把自己認爲正確的東西寫下來，不必顧慮公司的反應，也不必怕公司不同意。更重要的是，彼得．杜拉克不必爲了想讓自己的建議容易被公司接受而調和折衷，甚至是妥協。

斯隆說：「在我的公司裡，人人都會調和折衷，不必多你一個。當然，你也可以要求調和折衷，但你必須先告訴我們，『正確』是什麼，這樣我們才能做出正確的調和折衷。」

管理學家們認爲，通用汽車之以能成爲世界汽車業的龍頭，斯隆之以被稱爲「組織天才」，從這段話就已經可以看出端倪。

在提案的過程中，提案者原先的構想，往往會遭遇別人主觀意見的重重打擊。好的結果是，互相激盪出智慧的火花，得出更有創意的企劃，但糟糕的結果則是雙方各持己見，最後提案者爲求企劃通過，只好勉強妥協。

在惡性循環下，提案者往往會事先探詢主事者的想法，然後打蛇隨棍上，乾脆完全依照主事者的意見進行，甚至每一個步驟都直接問主事者究竟要怎麼做，無形之中把事情丟回主事者身上，試圖減少彼此的摩擦，自己也樂得輕鬆。這樣一來，或許眞的比較不會有爭執，但所得的結果眞的是團隊所需要的嗎？還是這不過是一場主事者的主觀想法罷了？

這樣絕對不是眞正的管理，如果絲毫不信任下屬，要處處干涉，堅持要求別人按照自己的方法去做，所得的效益實在堪慮。

因爲，若在衆多狗腿的層層附和之下，許多錯誤的徵兆將因此被淡化，甚至被掩蓋，最後事情出了差錯，該負責任的絕對不是那些小嘍嘍，而是所謂的決策領導者。

斯隆的確是一位善於管理的人才，因爲像彼得·杜拉克這樣高薪延聘而來的幫手，如果只是做自己的傳聲筒、影印機，那又有何意義呢？

所以，主管就是主管，下屬就是下屬，讓屬下做自己該做的事，充分地授權，使他們發揮最大的實力，才能集結衆人之力，使組織發揮眞正的功效。

與其消滅敵人，不如增加盟友

以時間換取空間，以不流血、不衝突的方式，無形之中，也能達成敵消我長的目的。

由於處事的立場不同，自然會有所謂的「敵友之分」，但是否一旦成爲敵人，就永遠不可能成爲朋友？是否彼此的意見不同，就非得要互相敵對，誓不兩立，如同莎士比亞筆下的羅密歐與茱莉葉家族，還得世世爲仇，直到犧牲了羅密歐與茱莉葉的愛情爲止？

其實，世上沒有永遠的朋友，也沒有永遠的敵人，一旦雙方的立場改變，局勢也將隨之改變。

以自由、平等爲信念的亞伯拉罕・林肯，在擔任美國總統的時候，對待政敵的態度，一度引起一位高層官員的不滿。

這位官員批評林肯不應該跟自己的敵人做朋友，而應該戮力地消滅他們，以確保自己的政權。

但是林肯聽了只是微微一笑，「當他們變成我的朋友時，」林肯十分溫和地說：「難道我不就是在消滅我的敵人嗎？」

與其花費心思去消滅一個敵人，不如試圖讓自己增加一位盟友。因爲，當所有的人都成爲你的朋友，哪還有什麼敵人可言？

林肯之所以善待每一位有機會共事的人，是因爲他知道世事變化如此難料，今日的敵人，有朝一日，說不定會成爲自己成功的推手。

朋友，是人生的寶藏之一，有了朋友的支持與激勵，即使是一句話、一個眼神，都可以讓自己在關鍵的時刻中，擁有一分安心的力量，生出強烈的信心，推動著自己勇敢地朝著目標前進。然而，我們也需要敵人，因爲有了敵人的刺激，可以讓自己冷靜下來，正視自己當前的處境，正視自己的弱點。當你有了競爭的對象，也才能帶來更上一層的成長。

如果一味以仇視的態度處理事情，不只預設立場容易使自己蒙蔽了理智，更使得周遭硝煙味十足，隨時都可能擦搶走火，最後造成兩敗俱傷的局面。

倒不如仔細地思索，看看是否能尋找有利於自己的契機，妥善加以運用；找尋可能爲自己所用的人才，慢慢加以拉攏，一點一滴慢慢地擴大自己的勢力。

以時間換取空間，以不流血、不衝突的方式，無形之中，也能達成敵消我長的目的。

當然，人不能單純到認爲這個世界沒有壞人，但是，最聰明的人，會懂得如何和壞人做朋友，在把持住自己的原則之下，儘量化敵爲友，掌握住致勝的契機。

對得起自己最重要

自己就是自己的主宰，自己的人生要由自己掌握，別人的人生觀、價值觀可以作為參考，但不須刻意附和，也不須曲意承歡。

俗話說：「佛要金裝，人要衣裝」，強調了外在形象對人的重要性，畢竟在這個社會裡，以貌取人的人實在太多了。

這種說法彷彿強調，穿著西裝革履的傢伙，就好像社會地位不凡似的，可以得到別人第一眼的好印象，獲得不同的待遇。

但是，外表的光鮮，眞的代表著實力過人嗎？

有人並卻不這麼認爲，最著名的例子，就是以相對論聞名世界的科學家愛因斯坦。

一天，初到美國的愛因斯坦，在紐約的街道上遇見一位朋友。

「愛因斯坦先生，」這位朋友說：「你似乎有必要添置一件新大衣了。瞧，你身上這件多舊啊。」

「這有什麼關係？反正在紐約誰也不認識我。」愛因斯坦無所謂地說。

幾年後，他們又偶然相遇。

這時，愛因斯坦已經譽滿天下，卻還是穿著那件舊大衣，他的朋友又建議他去買一件新大衣。

「這又何必呢？」愛因斯坦說：「反正這兒每個人都已經認識我了。」

愛因斯坦不喜歡物質層面的奢華，總認爲自己的成就只不過像在廣闊的海邊拾到的一個漂亮貝殼而已，根本微不足道。更何況，他愈是深入研究這個世界，益發覺得人類的渺小，所以爲人處世更加虛懷若谷。

既然他並不覺得自己的成就過人，當然不會到處誇耀自己的才能，也不會因爲聲譽斐然而感到驕傲，更不覺得有必要爲了討好別人，或是爲了顯示自己的名氣與知名度而刻意修飾外在。

因爲，外表的光鮮亮麗，並不代表裡子紮實，所謂「金玉其外，敗絮其中」，這個世界上名實不符的人實在太多了，而「名過於實」的情況更是時有所聞。

愛因斯坦不在乎別人的看法，不追求外在的名利，只求對自己負責，只執著於自己的信念，所展現出來的，才是名實相符的大師風範。

世人的目光難免太過於刻板，習慣性地認爲，無論從事什麼行業，一定得依著既定的模式去做，彷彿沒照著做的人就是特立獨行，就是格格不入。

但是，我們一定要被這些既定的規範或束縛左右嗎？難道我們不能擁有自己的獨特性嗎？

無須因著他人的眼光過活，只要自己快樂自在就行了，如果奢想獲得所有人的認同，而刻意去違背自己的心意，最後卻落入瞻前顧後、寸步難行的日子，不是過得太辛苦了嗎？

英國作家斯威夫特曾說：「最不願正視自己的人，才是最嚴重的盲人。」

想要有一番成就，就必須認識自己，坦誠面對自己，努力超越自己，如此才能開創出嶄新的生命版圖。

自己就是自己的主宰，自己的人生要由自己掌握，別人的人生觀、價值觀當然可以作爲參考，但實在不須刻意附和，也不須曲意承歡，因爲對得起自己最重要。

3. PART

不能適應，就設法改變環境

當環境或工作流程不符合自己所願的時候，
與其不停地埋怨，
還不如費些心思在自己能力範圍內去謀求改變。

不妨以遊戲的態度面對工作

誰說工作不得兒戲？遊戲中的種種闖關與解謎的挑戰，其實與工作的本質相去不遠。

工作對不同的人來說，其實有著不同的意義，有些人覺得工作只是爲了餬口，有些人則視爲成就感的原動力。然而，每個人面對工作的態度，其實對於自己情緒有極大的影響，也自然而然地影響到工作的成效。

一九六五年，美國作家卡菲瑞曾在西雅圖的景嶺學校圖書館擔任管理員。圖書館的工作既繁雜又瑣碎，總是讓人忙不過來，卡菲瑞常想，如果能多個人手來幫忙，也是件不錯的事。

一天，一位同事推薦了一位四年級的學生自願前來圖書館幫忙。

不久，來了一個看起來瘦瘦小小的男孩子，卡菲瑞先簡單地向他說明了基本的圖書分類法，然後要求他把書架上放錯位置的書找出來，再放回該放的地方。

小男孩眼中透出奕奕的光采問：「就好像當偵探一樣嗎？」

卡菲瑞聽了不禁莞爾，故作正經地回答：「沒錯。」

只見小男孩立刻在書架迷宮中來回穿梭著，很認真地確認書架上的每一本書籍，不過才到午休時間，他就已經找出了三本放錯地方的圖書，並歸回正確的書架上。

第二天他更是一大早就來了，如同前一天一樣，興味盎然地沉浸在書海中，就好似一位偵探般，仔細地抽絲剝繭，企圖從中找出一絲絲的線索。

一天的工作結束，小男孩正式地請求卡菲瑞，讓他成爲一名圖書管理員，而他也正式地得到這一分工作。

然而，經過了兩個星期，卡菲瑞受邀到小男孩家裡晚餐，卻意外聽到小男孩的母親表示他們即將要搬到附近住宅區的消息，至於小男孩在圖書館的工作也得被迫中止。

當小男孩知道自己不得不轉校後，不禁擔心地說：「我走了的話，那麼誰來整理那些排錯隊的書呢？」

小男孩煩惱的表情一直記掛在卡菲瑞的心裡。

但沒過多久，小男孩的身影竟又在圖書館門口出現了。他欣喜地告訴卡菲瑞，因爲新學校的圖書館不肯讓學生在裡面工作，所以最後他的母親終於答應讓他轉回原來的學校，每天由爸爸開車送他上學。

「如果爸爸不肯載我來，那我就自己走路來。」小男孩堅定的眼神，閃耀著光采。

卡菲瑞當時即心裡有數，這個如此有決心毅力的小傢伙，將來作爲必不可小覷。但是，他卻萬萬沒料到，這名小男孩不只大有作爲，更成爲資訊時代的天才，創建了左右世界趨勢的微軟公司。他就是比爾·蓋茲。

你會以什麼樣的態度來面對你的工作？是不得不做，還是姑且爲之？

比爾．蓋茲假想自己是一名偵探，於是原本可能枯燥乏味的工作，立刻變成一種好玩的遊戲，讓他玩得不亦樂乎；而且這一玩還玩出了興趣，當年圖書管理的經驗還成爲他日後發展的推手之一。

誰說工作不得兒戲？遊戲中的種種闖關與解謎的挑戰，其實與工作的本質相去不遠，以遊戲的態度投入工作，說不定能因爲感受到其中樂趣，反而更加形成一股迎向成功的推力。

善意的謊言，不說不行

真相當然只有一個，但是有時善意的謊言卻可能才是力挽狂瀾的良策。

還記得一部電影嗎？電影中一張嘴能將死的說成活的律師，爲求官司順利說起謊來面不改色，最後因爲兒子許願要他一天不得說謊只能說眞話，結果引來一籮筐的麻煩，生活頓時天翻地覆。

當然，說謊不是一件好事，可是，有一些謊卻不說不行。

以「不愛江山愛美人」而聲名大噪的溫莎公爵，曾有過這麼一個鮮爲人知的小故事。

有一次，英國王室於倫敦舉行晚宴，招待多位來自印度當地的貴賓，以期促進英印之間的友好關係，保障英國在印度當地的種種商業利益。這場晚宴，安排交由當時還只是皇太子的溫莎公爵負責主持。

宴會中，達官貴人們觥籌交錯，賓客相談甚歡，氣氛頗爲融洽。可是，就在宴會快要結束時，侍者爲每一位客人端來了洗手盤，來自印度客人們並不清楚洗手盤的作用，看著精巧的銀盤，盛著清徹晶亮的水，竟端起來一飲而盡。

這個舉動看得席間作陪的英國貴族們個個目瞪口呆，不知如何是好，一時間氣氛尷尬極了，大家只好紛紛把目光投向主持人。

只見溫莎公爵神色自若，同客人一般端起自己面前的洗手盤，一飲而盡，絲毫不以爲意，依然與客人談笑風生。

大家看了，愣了一下，隨即跟著紛紛倣效。

本來可能會造成難堪與尷尬的危機，頃刻間化爲烏有，宴會維持了原本的和諧氣氛圓滿結束，也得到了預期的效果。

突如其來的危機，往往會讓人一時心慌而難以招架，如果不能沉著應對，事情砸鍋便成了最壞的結果。

英國人著重表面工夫，對於禮節更是吹毛求疵，印度人從來沒見識過英國皇室的餐桌禮儀，會出錯也是在所難免；若直接上前指正，不只客人覺得丟臉尷尬，主人也不見得掛得住面子，最後必定兩敗俱傷，不歡而散。

反觀溫莎公爵冷靜的做法，化危機爲轉機，或許不合禮節，但此舉顧全了主賓彼此的顏面，熱絡了現場的氣氛，順利地達成預期的目的，可說是一次成功的社交模式。

眞相當然只有一個，但是有時候，善意的謊言卻可能才是力挽狂瀾的最佳良策。「說實話」確實是一種良好的品性，但是在錯誤的時機裡，「實話」可能反而是殺傷力強大的致命武器。

創造自己的競爭優勢

做生意的策略，絕非一成不變，只要能掌握人棄我取的方法，看準了時機場合，要坐享奇貨可居的優勢，並非難事。

第一名誰不想當？但是，第一名的位置只有一個，衆人爭搶的資源也相當有限，想要勝出，一定得經過一番激烈爭鬥，才能見眞章。

可是，有些人卻能眞正了解自己的能力與特質，懂得從車馬喧嘩的大道旁，走出一條獨具風味的羊腸小徑。

十九世紀中葉，美國加州傳來發現金礦的消息。一時間這股淘金熱潮，襲捲了世界各地，許多人都想把握這個千載難逢的機會，於是爭相動身前往加州，盼望一圓坐擁金山的美夢。

一名十七歲的小農夫亞默爾也加入了這支龐大淘金隊伍的行列。他歷盡了千辛萬苦，終於抵達了淘金聖地——加州。

淘金夢是美麗的，然而卻也是容易幻滅的，隨著越來越多的人蜂擁而至，轉眼間彷彿遍地都是淘金者，人多金少，可想而知，金子是越來越難淘了。有時辛苦了大半天，連粒金渣子都瞧不見。

不但金子難淘，生活條件也越來越艱苦。金礦區不只氣候乾燥，而且水源奇缺，許多不幸的淘金者非但沒有辦法一圓發財夢，反倒因為生活環境不良，結果生病或飲食不足而客死異鄉。

亞默爾來到加州後，也和大多數人一樣，沒發現半點黃金，反而飽受飢渴折磨，痛苦得不得了。一天，他望著水袋中僅剩下一點點捨不得喝的水，聽著周圍人不斷地抱怨缺水的痛苦，忽發奇想：「淘金的希望實在太渺茫了，既然大家都缺水，不如我來賣水，說不定還有點賺頭。」

心隨意動，於是亞默爾毅然放棄尋找金礦，改將手中的挖礦工具拿來挖掘水渠，從遠方將河水引入掘好的水池，再以細沙過濾一番，終於得到清涼可口的飲用水。

亞默爾將水裝進桶裡，挑到礦區的山谷中，一壺一壺地賣給前來尋找金礦的人。當時，有人嘲笑亞默爾，說他胸無大志：「千辛萬苦地趕到加州來，不想挖金子發大財，卻幹起這種蠅頭小利的小買賣，光這點小生意就滿足的話，何必跑到這裡來！」

然而，亞默爾絲毫不爲所動，繼續賣他的水。結果，大多數淘金者都空手而歸，而亞默爾卻在很短的時間裡，光賣水就賺到六千美元，這在當時已是一筆非常可觀的財富了。

做生意的策略，絕非一成不變，只要能掌握人棄我取的方法，看準了時機場合，要坐享奇貨可居的優勢，並非難事。

水，雖然是隨處可見、毫不起眼，但卻是人人不可或缺的生命元素；亞默爾只要挖好了渠道，就有源源不絕的水源，幾乎稱得上是不用本錢的無本生意了，更何況只有他一人賣水，搶得了先機，當然大發利市。

想要爭搶龍頭大位，若沒有頂尖的本事，是一點競爭力也沒有的，即使投注了再多的時間與精力，可能還是免不了要看人數鈔票。反倒是不受重視的第二名、第三名，不但風險小一點，說不定還有更多發展的空間。

或許和挖到金礦的幸運兒相比，亞默爾的獲利根本不值一提，但他能在穩定中求生存，比起那些耗盡心力仍執迷不悟的人，反而得到了更多。

秉持信念是最好的投資

而羅斯．史麥爾茲曾說：「除非你能為那些永遠無法回報你的人盡些心力，否則即使你賺了錢，你的生活也不完美。」

查理斯．杜德雷．華納曾說：「生命中最美麗的報酬之一是：人在誠心地幫助別人的同時，也幫助了自己。」

幫助別人應該是快樂的事，應該是不勉強的事，應該是發自內心的事，應該是心中堅持的信念。

當然，受人恩惠，更應知恩圖報，時時牢記在心。

以下就是一個關於感恩和回報的故事。

弗萊明是一個窮苦的蘇格蘭農夫。有一天，當他在田裡工作時，忽然聽到附近泥沼裡有人發出求救的哭喊聲，於是他連忙放下農具，跑到泥沼邊，發現一個小孩即將滅頂。

弗萊明立刻伸出援手，把這個瀕臨溺斃的小孩從死亡邊緣救了出來。

隔天，農夫家門前停了一輛豪華的馬車，車上下來了一位優雅的紳士。他自我介紹說是那名被救小孩的父親，也是上議院的議員。

紳士說：「我要報答你，感謝你解救了我孩子的生命。」

農夫說：「救人是天經地義的事，我不能因救你的小孩而接受報酬。」

一個堅持表達謝意，一個則堅持不受，兩人一時僵持不下。就在這時，農夫的兒子走進茅屋。

紳士問道：「這是你的兒子嗎？」

農夫很驕傲地回答說：「是。」

紳士說：「好，那麼讓我們來訂個協議，請你將他交給我，我會讓他接受良好的教育，他將來一定會成爲一位令你驕傲的人。」

農夫答應了。在這位紳士悉心培育下，後來農夫的兒子從聖瑪利亞醫學院畢業，並成爲舉世聞名的弗萊明．亞歷山大爵士，也是盤尼西林的發明者。他於一九四四年受封爵位，並且得到諾貝爾獎，果然成爲令父親驕傲的人。

數年後，紳士的兒子不幸染上了肺炎，救活他是什麼呢？

答案是盤尼西林。或許你會好奇，那名紳士究竟是誰呢？

他是英國著名政治家丘吉爾爵士的父親。

羅斯．史麥爾茲曾說：「除非你能為那些永遠無法回報你的人盡些心力，否則即使你賺了錢，你的生活也不完美。」

佛家說「施比受更有福」，強調發自內心，主動幫助別人將爲自己帶來更多的福氣。

農夫弗萊明是個質樸的鄉下人，認爲對的事就應該毫不遲疑地去做；他並非因爲那名小孩是上議院議員之子才伸出援手，而是秉持著自己的信念，不忍見一個年幼的性命因此喪生。也因爲如此，他堅持婉拒紳士丘吉爾的謝禮。

農夫的表現，令紳士佩服，於是他決定投資在農夫的孩子身上。這不只是因爲他希望酬謝農夫，也不只是因爲他有能力爲這個孩子打開一扇未來的窗，更因爲他相信「有其父必有其子」。

事實證明，他的眼光沒有看錯，他提供給弗萊明的「報酬」，最後自己也獲得了回報，同時也爲更多人帶來希望。

時時保持思緒的流動

保持思緒的流動，就能增加心靈的柔軟度，也更能提升自己的競爭力，永遠不被時代淘汰。

一盆水，沒人去動它，或許可以維持長久時間平靜無波，但不會流動的水，最後只有發臭生蟲的下場。

然而，若是能將這盆水取來洗衣、煮飯，或是澆花、栽樹，都可以讓這盆水發揮更大的功用，重新回歸自然的循環、重新利用。

思想也是如此，人的思緒雖然無形，但是更需要保持流動，以免凝固不動，成爲死腦筋。

古羅馬皇帝哈德良手下有一位將軍，對於自己爲國服務多年，卻始終未能受到重用，心裡感到相當不滿。

有一天，他終於鼓起勇氣來到皇帝面前，以他長久服役爲理由，請求皇帝爲他升官。

他說：「我參加過十次重要戰役，有這樣豐富的經驗，照理說我應該可以得到更高的官階，擔任更高的領導職位。」

然而，哈德良皇帝聽了，只是微笑地指著綁在周圍的戰驢說：「親愛的將軍，好好看這些驢子吧，牠們至少參加過二十次戰役，可是牠們仍然是驢子，教我如何爲牠們升官呢？」

經驗與資歷固然重要，然而，並不是衡量能力與才華的唯一標準。有些人或許有十年、二十年的經驗，但卻只是年復一年地重複著類似的工作，對於工作的內容固然很熟練，其實只不過是將一年的經驗，重複使用十次、二十次而已。

這樣的人，對於處理本身熟悉的工作，或許可以不出差錯，但這種看似無關緊要，其實是相當可怕的重複，已然阻礙了心靈的成長，扼殺了想像力與創造力，工作時間再長也只是依樣畫葫蘆，根本沒有辦法接受新事物。

一個人如果連腦子都僵化了，更別說可能會有什麼新想法。

哈德良皇帝善於選人用人，他深知這名將軍並沒有足以開創新局的能力，只想守住自己眼前的利益，是以多年下來，即使參加過十場重要的戰役，卻未能立下任何偉大的功勳。

一個人的價值，不在於他人的給予，而是來自於自己的追尋。

你認爲自己是個有價值的人嗎？你期望自己擁有什麼樣的價值呢？

你或許得先問問自己，是否不斷地自我挑戰、不斷地追求新的領悟與學習新的知識？保持思緒的流動，就能增加心靈的柔軟度，也更能提升自己的競爭力，永遠不被時代淘汰。

千錯萬錯，都是別人的錯？

怪罪別人似乎可以讓自己好過一點，反正千錯萬錯都是別人的錯，沒人可怪的時候，就埋怨老天充數。

戰場上你來我往，勝負往往在轉眼之間即見分曉，而輸贏的關鍵很可能不過是一件看來沒什麼大不了的小事。

就讓我們來看看下面這個因爲小事而丟了政權的故事。

當亨利．里奇蒙德伯爵所帶領的軍隊正迎面撲來時，英格蘭國王理查三世已準備好要出城拼死一戰了。這場戰鬥的勝負結果，將決定要由誰來統治英國。

決戰的當天早上，國王命令一名馬夫前去備妥自己最喜歡的戰馬，打算騎著愛馬出征，與敵人決一死戰。

馬夫飛快地跑到馬廄，才想起備戰的戰馬幾天前全移到鐵匠那兒補釘蹄鐵。於是，他又氣喘吁吁地跑到打鐵舖，卻發現國王最喜歡的那匹馬竟還沒釘上蹄鐵。

「快點給牠釘上！」馬夫連忙拉來馬匹對鐵匠說：「國王希望騎著牠上戰場。」

豈料，鐵匠卻回答：「你得等等，我前幾天才給全軍的馬匹都釘了鐵蹄，鐵片用光了，現在我還得再弄點鐵片來。」

「我等不及了。」馬夫不耐煩地叫道：「國王的敵人就快殺過來了，我們必須在戰場上給他們迎頭痛擊，有什麼你就用什麼吧。」

鐵匠不再多說，只好取來幾根鐵條，一一砸平、整形後，準備固定在馬蹄上，當他釘妥了三個馬掌後，卻又發現釘子不夠。

「還缺一兩個釘子，」鐵匠說：「得再花點時間砸出兩個。」

「我都告訴過你等不及了，你還囉嗦什麼？」馬夫急切地說：「你聽，軍號已經在響了，你能不能隨便湊合湊合？」

「我還是可以把蹄鐵釘上，只是沒辦法像其他幾個那麼牢固。」

「能不能撐一陣子？」馬夫問。

「應該能，」鐵匠回答：「但我沒把握。」

「好吧，就這樣，能釘得住就成了！」馬夫叫道：「快點，要不然國王會怪罪到咱們倆頭上的。」

於是，兩個人就這麼隨隨便便交差了事。

兩軍陣前交鋒，理查國王領頭衝鋒陷陣，鞭策著士兵奮力迎戰。「衝啊，衝啊！」他高喊聲著，同時率領部隊衝向敵營。

遠遠地，他看見戰場另一頭幾個自己的士兵似乎退卻了，他擔心如果別人看見了，也會心生退意。於是，理查國王勒馬轉向，揚鞭策馬衝向那個缺口，並頻頻呼喚士兵調頭戰鬥。

但是他還沒走到一半，一只鐵蹄突然掉了，戰馬絆了腳跌翻在地上，理查也被拋飛出去。

理查國王還來不及抓回韁繩，那匹驚恐的畜牲就跳起來逃走了。理查環顧四周，只見他的士兵紛紛轉身撤退，敵人的軍隊卻不斷層層地包圍了上來。

他憤而揮舞寶劍，吼道：「這匹該死的馬，我的國家傾覆就因爲這匹馬！」

國王失去了馬駒，他的軍隊已經分崩離析，猶如一盤散沙，士兵們個個自顧不暇。落單的理查國王，很快地被敵軍俘獲，結束了這一場戰役。

這件事流傳開來，很多人都說，理查三世之所以兵敗被俘，全都是因爲少了一個馬蹄釘子。

然而，眞的是那個馬蹄釘子的錯嗎？怯弱的士兵、動作溫吞的鐵匠、莽撞馬虎的馬夫，還有國王理查自己本身，難道都不該爲這場失敗的戰役負責嗎？

理查三世既然非得騎那匹馬不可，爲什麼不提早下令，讓馬夫事先準備，儘早檢查妥當？

馬夫既然知道國王必定要騎那匹戰馬，爲什麼在交接馬匹時不事先交代要先爲這匹戰馬上蹄鐵？而時間來不及又爲何不肯呈報國王更換馬匹？

鐵匠明知少了一個馬釘，可能使馬匹在奔馳時失足受傷，爲何不肯堅持把事情做好，反而同意馬虎了事？

種種的原因交互作用，使得這場戰爭吃了敗仗，既然結局是由衆人所譜寫而成的，那麼錯誤也該由所有的人承擔。

這個故事說明了，要一個人勇敢承認自己的錯誤，滋味實在過於苦澀難嚥，怪罪別人似乎可以讓自己好過一點，反正千錯萬錯都是別人的錯，沒人可怪的時候，就埋怨老天充數。

只不過，這些都於事無補，要能夠在失敗中記取教訓，重新整裝出發、捲土重來，才有機會改寫結局。

不能適應，就設法改變環境

當環境或工作流程不符合自己所願的時候，與其不停地埋怨，還不如費些心思在自己能力範圍內去謀求改變。

想要在這個競爭激烈的社會有所成就，必須明瞭每一個工作環境不同、工作的內容與性質不同，當然，對於工作品質的要求也有所差異。

更重要的是，要明白不一定每一個人都能得到自己夢想中的工作，因此來自於工作中的考驗，也就更爲劇烈。

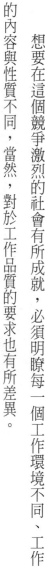

許多年前，一個日本妙齡少女離開家鄉，來到位於東京的帝國酒店擔任服務生。這是她步入社會的第一分工作，也就是說，她將由此邁出人生的第一步，因此她暗自下定決心要認眞工作，好好表現一番。

可是，她萬萬沒有想到在分配工作時，主管竟然安排她洗廁所！

清洗廁所的工作沒人愛做，又髒又臭、清除穢物的感覺更令人難以忍受。少女自幼受到家人的呵護，沒做過粗重、卑微的工作，每天上班對她來說，無疑就是一場場折磨的開始。

每當她白皙細嫩的手，得拿著刷子、抹布刷洗一個個馬桶，她的胃就立刻「造反」，忍不住頻頻作嘔，可偏偏就吐不出來，實在難受極了。

主管對她的工作要求是：要把馬桶擦得光潔如新。她當然明白「光潔如新」是什麼意思，但說的容易，做起來可就難如登天，她連進廁所清潔都覺得勉強了，更不用說要把馬桶擦得光潔。

於是，才沒過多久，她就忍不住想打退堂鼓了。她覺得自己一點也不適合這個工作，說不定一點也不適合在東京生活，每天的日子過得既痛苦又灰暗，了無生氣。

然而，在她幾乎要放棄的時候，她又不禁回頭想起，當初要東京來時的雄心壯志，難道就要因爲這麼一點打擊就抹滅殆盡嗎？

愈想愈不甘心，她決定再拼一次，就不信自己做不到，於是，她主動向單位裡的一位前輩請教。

前輩聽了她的抱怨與困擾，沒有多說什麼，只是帶著她來到她工作的那間廁所，提來水桶和抹布，從上到下、裡裡外外，一遍又一遍仔細刷洗，直到看不見一絲髒污。

最後，那位前輩竟然拿起水杯，從馬桶中舀了一杯水，毫不猶豫地仰頭喝了下去。那一剎那，少女震撼極了，原來，這才是光潔如新。

她看得目瞪口呆，恍然大悟：「就算一生注定要洗廁所，也要設法做一名最出色的洗廁所名人！」

這番啓示讓這名少女養成了敬業、專業的精神，幾十年後，她已高居日本政府郵政大臣之位，她的名字叫野田聖子。

日本人相當重視名人，設計了許多電視節目，塑造了各行各業的名人工作者，他們的每一項專門技藝，都讓坐在電視機前面的觀衆感到讚嘆與佩服。當然，這並不代表只有日本人最厲害，而是他們尊重專業的態度，使得每一位工作者樂意投入自己的工作領域，追求頂尖與卓越，以自己的工作爲榮。

要做就做到最好，否則不如不做，只要心之所向，什麼事都辦得到。

遇事多看光明面，能夠提振自己的信心，增添了成功的希望。相反的，遇事只看黑暗面，非但一開始就產生了排斥心理，動力全失，失敗的機率也會因而大增。

若能夠以自己的方式來樂愛工作，就能夠消除許多因爲不順遂而帶來的心理影響。

因此，當環境或工作流程不符合自己所願的時候，與其不停地埋怨，還不如費些心思在自己能力範圍內去謀求改變。人生最大的障礙，其實是自己。

王牌最好留著慢點出

以美麗的假象欺騙別人，終究會被人撕破面具，但是以實力層層包裝，則會讓人覺得貨真價實。

生活是一場賭注，手上的籌碼越多，獲勝的機率越大；當然，如果操作錯誤，也很有可能落得全盤皆輸的下場。重點在於，要保留自己手上的王牌，等時機到了再出，才能穩操勝券。

有一位留美的電腦博士，畢業後在美國找工作，結果竟接連碰壁，許多家公司都將這位博士拒之門外。爲什麼這樣高的學歷，這樣吃香的行業，卻找不到一分工作呢？他始終想不透。

在萬般無奈之下，他決定換一種方法試試。

他收起了所有的學位證明，以最低身分再去求職。很快地，他就被一家電腦公司錄用，做一名最基層的程式操作人員，不過，即使是一分簡單的工作，他也做得兢兢業業，一絲不苟。

沒過多久，上司就發現了他的出衆才華，因爲他居然能一眼看出程式中的錯誤，這絕非一般操作人員所能做得到的。

在上司的詢問下，他亮出了自己的學士證書，很快地，他就被調換到一個與大學畢業生相對等的工作單位。

過了一段時間，老闆發現他不但在新的崗位上游刃有餘，還能提出不少有價值的建議，這比一般大學生高明，這時他才亮出自己的碩士學歷，老闆又提升了他。

有了前兩次的經驗，老闆也比較注意觀察他，發現他還是比碩士水準高出許多，對專業知識的廣度與深度都非常人可比。這時，他拿出博士學位證明，老闆才恍然大悟，立刻毫不猶豫地重用了他，因爲老闆已對他的學識、能力及敬業精神有了全面了解。

現在的世代，經歷重於學歷，因爲太多能力與學力不相當的人濫竽充數了，使得一般的企業越來越少只看文憑就任用的狀況，而是要經過重重的測驗與觀察，才能適才重用。

一般來說，應屆畢業生最爲人詬病的就是沒有足夠的實務經驗，只有滿腔的理論，說起來頭頭是道，但實際遇上問題，卻不見得能馬上著手妥善處理。可能基於這種疑慮，所以這名博士遍尋不著工作機會。

難能可貴的是，他願意從基層做起，在自己的工作崗位上盡心盡力，以工作表現來代替學歷。

由於他本身的專業知識足夠，了解事物的原理以及可能發生的問題所在，所以做起事來比別人事半功倍，更可以看出一般同職者所不了解的地方，當然顯得突出且引人注目。

而當他亮出自己的王牌時，別人已經對他的實力有所肯定，自然也不會懷疑他的學歷是否是草包證書，這時候王牌才發揮了眞正的加分效用。

以美麗的假象欺騙別人，終究會被人撕破面具，但是以實力層層包裝，則會讓人覺得貨眞價實，而願意賦予信任。

4.
PART

信念足以影響一生

赫胥黎說：「人生不是受環境支配，
而是受思想擺佈。」
心靈的力量是很驚人的，
我們的心靈不只能夠左右我們的行為，
更能主宰生命。

信念足以影響一生

赫胥黎說：「人生不是受環境支配，而是受思想擺佈。」心靈的力量是很驚人的，我們的心靈不只能夠左右我們的行為，更能主宰生命。

我們應該相信自己擁有無限的可能性。

每一個人都有可能成爲英雄，當然也可能成爲庸碌的狗熊，差別就在於我們是否相信自己擁有最大的可能性。一念之間所做下的決定，結局可能是雲泥兩隔的差別。

一個嗜酒如命且毒癮很深的人，一次在酒吧裡因爲看一個侍者不順眼而犯下殺人罪，被判終身監禁。

他有兩個兒子，年齡相差一歲，當他們長大成人之後，其中一個與父親同樣毒癮甚重，依靠偷竊和勒索爲生，後來也因殺人而坐牢。

但另外一個兒子卻既不喝酒也未嗜毒，不僅有美滿的婚姻，養了三個可愛的孩子，還擁有一分穩定可靠的工作。

有人私下訪問他們，造成他們現狀的原因，想不到兩人的答案竟然相同：「有這樣的老子，我還能有什麼辦法？」

另外，有兩名年屆七十歲的老太太，其中一名認爲自己活到了這個年紀，已算是人生的盡頭，於是便開始準備料理後事，時時擔心死神不知什麼時候會上門來找她。這個老太太每天都活在無望和哀傷裡，自然精神萎靡，後來又因爲一點點併發症，就認爲自己已經沒救了，沒有好好調養的結果，果然沒多久就蒙主寵召了。

而另一位老太太卻認爲，一個人能做什麼事根本與年齡大小無關，而在於個人的想法。她在七十歲高齡之際開始學習登山，而在往後的二十五年裡，不斷地冒險攀登高山，還曾以九十五歲高齡登上了日本的富士山，打破了攀登此山的最高年齡紀錄。

她就是著名的胡達．克魯斯老太太。

赫胥黎說：「人生不是受環境支配，而是受思想擺佈。」

心靈的力量是很驚人的，我們的心靈不只能夠左右我們的行爲，更能主宰生命。就像第一個故事裡的兄弟，他們有著相同的成長背景、同樣冷酷無情的父親，糟糕至極的生活方式與生活環境，但是兩個人面對問題的心態不同，處理事情的方式也截然不同，他們的未來當然也就截然不同。

一個怨天怨地，放任自己同流合污，因爲有這樣的先天背景，大概很難跳脫命中註定的悲劇，於是他走上了父親的老路。而另一個卻認爲，自己有這樣的過去已經夠慘了，難道還要有同樣的未來嗎？所以，他拼盡全力要逃脫他原本宿命，最後終於走出自己的一片藍天。

又如同第二個故事裡的兩位老太太，一個認爲人生七十古來稀，這樣的一生也就足夠了，髮禿齒搖，反正也沒辦法再做些什麼了，完全被消極的想法控制，生活過得灰暗極了，結局當然是拖著身體一步一步地走進棺材裡。

但另一位老太太，也就是胡達．克魯斯，卻絲毫不以爲年紀到了七十歲有什麼錯，所謂人生七十才開始，許多事情雖然是年輕人在做，卻不代表年紀大的人就不能參與。她以自己的信心與毅力，證實了即使年紀再大，還是可以開創出無窮的可能性。

莎士比亞曾說：「年齡不能表示人的老小，韶光推移，並不能使你自傷老大；誰能肯定八十歲不能朝氣蓬勃，十八歲不會暮氣沉沉。」

面對人生接踵而來的問題，不妨嘗試以正面的態度去迎擊，堅持自己的信念，相信自己有最大的可能性，就算不能立刻解決所有的問題，但至少能讓你冷靜下來，去觀察、去尋找有利的機會。

培養真材實料的魄力

唯有積極累積自己的實力，擬定完善的作戰策略，選定時機主動出擊，充分展現自己，才能打一場漂亮的勝仗，令眾人心服口服。

所謂「眞材實料，不怕貨比三家」，自我的價值同樣也來自於自我的肯定，對自己的能力充滿自信，就不怕任何的試鍊和比較。

除此之外，甚至還要主動出擊，強化自己在別人眼中的印象。

有一位管理專家李艾米，曾經去拜訪伯利恆鋼鐵公司的總裁查理·施瓦伯先生。李艾米表示，只要讓他與伯利恆公司裡的每位經理談上十五分鐘，他就有辦法改善該公司的工作效率，並大幅增加公司的銷售額。

施瓦伯問：「這要花多少錢？」

李艾米說：「你不用馬上給我錢，等你認爲有效果了，你覺得該值多少錢，寄張支票給我就行了。」

施瓦伯同意了。於是，李艾米與每位經理都談了十五分鐘，談話的內容很簡單，只要求他們在每日終了時，將次日需完成的六件最重要的工作寫下來，並依重要性順序編號。

李艾米並交代每位經理，次日早晨從表上的第一件工作開始做，每完成一項便將它從表上劃去；若有當日未完成的工作，則必須列入次日的表中。李艾米鄭重要求每位經理必須確實執行三個月。

三個月後，查理．施瓦伯寄了一張三萬五千美元的支票給李艾米，這是他認爲值得爲此觀念付出的代價。

如果李艾米不是對自己的做法有十足的自信，恐怕不敢就這麼找上門去毛遂自薦吧？

他不擔心自己得不到回報，是因爲他對自己的理論胸有成竹，絕對不是胡亂吹牛，只要每一位經理都能確實執行，在管理上一定會有立竿見影的成效，公司得到良好的效益，老闆當然樂意付錢。

在職場上，我們也應該有這樣的魄力，但這並非是指初生之犢不怕虎的傻勁，也不是莽撞的匹夫之勇，而是備足實力的自信心。

唯有積極累積自己的實力，擬定完善的作戰策略，選定時機主動出擊，充分展現自己，才能打一場漂亮的勝仗，令眾人心服口服。當你的實力創下口碑之後，機會將會源源不絕而來，成功也將陳列在你的眼前。

站在對方的立場上設想

想要得到致勝關鍵，就要先站在對方的立場上去設想，幾番沙盤推演下來，就容易掌握對方的心理，無論要是投其所好或要是請君入甕，都會輕鬆許多。

如果有一條商業街，或路邊有一溜大排檔鋪位出租，你想租一個鋪位開店，那麼，租哪段位置的鋪位最好呢？

許多人多半會有這樣的想法：租路口或街口當頭第一家，率先截住顧客，生意一定最好！

如果你這樣選擇，那就錯了，因爲老闆的心理不等同於顧客的心理。老闆想多賺錢而顧客卻想少花錢，兩者恰恰是相反的，想要生意好，就必須從顧客的心

理去做考量。

有人做過這麼一個小實驗。

某個班級分到兩張音樂會的門票，大家都想去，於是只好抽籤決定。籤做好後，班長耍了個小花招，將籤排成一排，讓同學們先抽以示公平，表示剩下的最後一張才是他的，而且他有把握他一定能拿到票。

同學們一個個把籤抽走，打開全是空白，最後，一行籤僅剩下第一張和最後一張，兩張果然都寫著「有」字，可見班長並沒有騙人，他也得到了自己想要的一張票。

其實，班長只運用了一個小小的心理遊戲，因爲大家都會覺得，每張籤中獎的機率差不多，而且多半會想：不可能那麼湊巧，兩張票就會落在最前和最後！

於是，在沒有特別心理提示的情況下，絕大多數人都覺得從中間隨手抽一張機會大些。

當顧客走進商業街時，通常不甘心在第一家店便成交，他總得走走看看，貨比三家，生怕自己上當。

等走得差不多了，看也看過了，比也比過了，便會回頭找一家成交，但通常不是最前和最後。

當然，這裡說的是指一般情況，如果你經營得特別好或特別差，已在熟客中造成了很大的聲譽差距，情況就會發生變化。

而在價格幾乎一律相同的日用小攤，如青菜攤、涼茶攤之類情況則與此相反，是距離顧客越方便的攤位越好。

換句話說，想要得到致勝關鍵，就要先站在對方的立場上去設想，幾番沙盤推演下來，就容易掌握對方的心理，無論要是投其所好或要是請君入甕，都會輕鬆許多。這就是知己知彼的道理。

但反過來看，如果不想成爲一個容易被人看透的透明人，最好是把腦袋放空，不要只會依著別人走過的老路去走，才不會陷入既定的窠臼之中，剛走一步，後頭的計劃就被猜得十成十。

就好像下一盤棋，下法可有千百萬種，如果只會依著定石、排著棋譜，對手只要預先阻止了你的佈局，你就沒有任何成功的機會了。

某位軍事家曾說：「在戰略上輕蔑你的敵人，在戰場上重視你的敵人。」總之，你必須先做好萬全的準備，不論先攻或後攻，都要穩穩地站著，以沉穩的氣魄迎戰生命的每一個難題。

模仿不抄襲，創造自己的新風格

比爾．瑪瑞亞自稱：「我未遭遇過失敗，我所碰到的，都是暫時的挫折。」當你面對人生的困難時，能擁有這樣的豪快氣魄嗎？

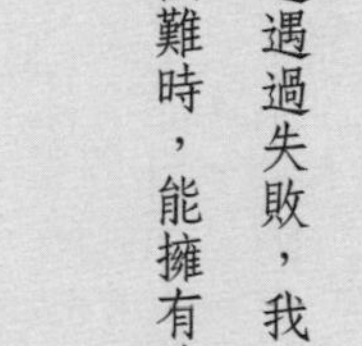

雖然人人生而平等，但是由於每個人的特質、環境與際遇不同，使得每個個體都截然不同，就算是雙胞胎，命運也不會一模一樣。

先來看一個比來比去的故事。

在一次盛大的宴會上，中國人、俄國人、法國人、德國人、義大利人爭相誇耀自己民族的文化傳統，唯有美國人笑而不語。

爲了使自己的表述更加具體，更有說服力，他們紛紛拿出具有民族特色、能夠體現民族悠久歷史的實物——酒，來彼此相敬。

中國人首先拿出古色古香、做工精細的茅台，打開瓶蓋，果眞香氣四溢，令衆人嘖嘖稱道。

緊接著，俄國人拿出了伏特加，法國人拿出大香檳，義大利人亮出葡萄酒，德國人取出威士忌，各有各的特色。

最後，大家將目光投向美國人。只見美國人不慌不忙地站起來，把大家先前拿出的各種酒都倒出一點，兜在一起，說道：「這叫雞尾酒，它體現了美國的民族精神——融合與創造。」

這個故事說明了，優點和特色是靠自己去找出來的。

就好像美國這個建國不過兩百多年的國家，卻能躍昇爲世界強國，主導全球局勢，自然有其過人之處。但是，要將自己的優點和特色講出來讓別人認同，就有賴說話者的自信了。

首先就是不要因爲自己的短處而自卑，而要強化自己的長處。

國家新，表示觀念新，沒有包袱，他們可以參考別人的優點與特色，進而創造出自己的風格。

國家如此，做人更是如此，不是嗎？

就算自己覺得本身沒有什麼優點，那麼，總可以多參考參考別人的各項經驗吧！只要模仿得到別人的眞髓，再加以延伸，增添自己的想法，就算不上抄襲，而且能進一步融會貫通出自己的特色，開創出個人的風格。

比爾．瑪瑞亞曾經這麼說：「我從未遭遇過失敗，我所碰到的，都是暫時的挫折。」

當你面對人生的困難時，能擁有這樣的豪快氣魄嗎？

嘗試去將自己的優點記錄下來，不必在乎他人的想法，不管世俗的眼光，相信能夠讓你漸漸快樂起來。

如果你不好意思大聲說出來，那麼至少把它記在心裡，當情緒灰暗的時候，拿出來照亮自己。因爲，唯有認同自己的優點，才能讓自己產生自信，人也才會漸漸開朗起來。

信心是能否扭轉逆境的關鍵因素，一個人擁有多少自信，就能創造多少奇蹟。遇到人生的各種逆境，如果連你都不相信自己沒有問題，那麼你當然無法突破自己的人生困境。

要做自己最拿手的事

一個人不可能面面俱到、十全十美，成功的關鍵在於努力把自己的特長發揮到極致，而把不足之處的危害降到最小。

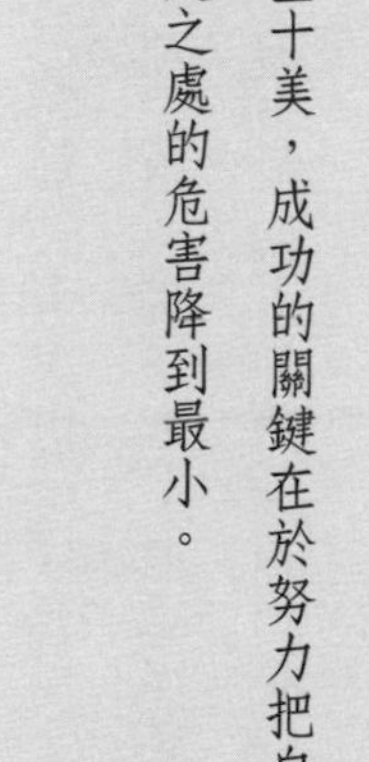

我們應該要勇於嘗試各種事物，挑戰自己的潛力，激發自己的潛能。

然而，我們也更應該認清自己的實力與當下的處境，不要貪功躁進，因爲，漠視自己能力不足之處，盲目追求的結果，可能將導致自己付出難以承受的代價。

美國國際管理集團（ＩＭＧ）的創建者馬克·Ｈ·邁克是世界一流的管理專

家，他曾經從一位好朋友身上學到了不少東西。

他的這位朋友是一位出類拔萃的推銷員，只要他一出面，魅力就擴散到每個角落，顧客只有把錢花光才會離開。

不過，他的長處卻僅此處一點，在其他方面，諸如組織、資金使用、鼓勵部下、業務企劃……等等方面都一竅不通。

這種人可以成爲一位銷售明星，但絕無法成爲一位優秀的企業家。然而，這位先生卻高估了自己的能力，以至於連續十年，不斷地創建新公司，結局當然是一家一家地關閉。

原因就在於，他以爲自己非凡的銷售才能是人人都具備的，對他來說，銷售是最簡單不過的工作，於是他認爲這對別人來說也一樣容易。

所以，他端坐辦公室，反而讓別人出去跑業務，但是他的管理能力不佳，致使員工不能因才適任，結果公司裡沒有一個人能發揮自己的特長，每個人都在做自己不擅長的工作。

公司的績效可想而知，最後當然只有倒閉一途。

一個人不可能面面俱到、十全十美，成功的關鍵在於努力把自己的特長發揮到極致，而把不足之處的危害降到最小。

如果把精力全部花在提高弱項方面，非但收效甚微，而且還會影響到別的方面，成爲一個毫無特色的人，自然也就難有建樹。

「人盡其才，因才適用」才能成就一個有規模、有體制的公司。

比如說，一個可以創造高銷售業績的業務員，你要他坐在辦公室裡記帳、做報表，而一個財務人才，你卻要他去拜訪客戶推銷商品。結果呢？帳目報表一塌糊塗、業績也是少得可憐，這樣的一個團隊如何能使公司成長，使營收增加呢？

一個頂尖的管理者必須要有非凡的識人眼光，懂得因才適用，將人才有效地放在適合的位置上。

每個人都有某方面厲害的本事，每個人也有自己不擅長之處，如果不能夠充分了解自己的長處與才能，並加以靈活運用，而異想天開地學別人或是要求別人與自己一般，都必然會遭遇慘重的挫折！

沒有辦法接受自己的缺點，很容易讓自己因爲逞強而陷入困境，就好像故事裡的主角，因爲不相信自己沒有管理的能力，而堅持親自經營公司企業，導致事事不順，一事無成。

他也因爲相信別人一定會有和自己相同的銷售能力，因而錯用人才，最後，每個人都受到了傷害，大家都面對了層出不窮的挫折。

不要忘了，知己知彼才能百戰百勝，首要的工作就是要認清自己，唯有認清自己的能力，才不會浪費時間與精力。

你的優點，可能是別人的不足之處；別人的長才，也許是你有待加強的弱點。唯有彼此幫助，互信互補，才能共創良好的績效，這就是團隊合作的優勢。

如果自恃本身的才能，又輕忽自己的短處與盲點，那麼失敗的風險可就大得多了。

創造自我生命的價值

別再埋怨，往前看，自然會對自己產生信心，進而看重自己、珍惜自己、喜歡自己，那麼你將會如寶石一樣閃耀。

我們很容易看到別人的優點，很容易羨慕別人，卻常常忘記自己其實並不一定一無是處，只要有心，也能夠發散出懾人的光芒。怕的是對自己沒有信心，怕的是只知道自怨自艾。

當我們遭遇到挫折與失敗的時候，只會看見自己的缺點與短處，在沮喪的心情加乘之下，結果什麼事情也做不好，造成了惡性循環。

當然，沒有人是完美無缺的，然而，不要忘了，也沒有人是渾身缺點的。以下的故事，或許可以讓我們從另一個角度去思索生命的價值。

有一個小男孩，從小生長在孤兒院裡，因爲對於自己的身世感到自卑，常常悲觀地問院長：「院長，像我這樣沒人要的孩子，活著究竟有什麼意義呢？」

然而，院長總是笑而不答。

有一天，院長交給男孩一塊石頭，說：「明天早上，你拿這塊石頭到市場上去賣，但千萬記住，無論別人出價多少錢，你絕對不能賣。」

第二天，男孩拿著石頭，就蹲在市場的角落，意外地發現竟然有不少人對他的石頭感到興趣，而且愈來愈多人競爭，價錢也愈出愈高。

男孩聽從院長的交代，始終沒有將石頭賣出，只讓圍觀者和競標者不斷爭相叫價。

一天過完，男孩興奮地回到院裡，向院長報告這一天的奇特遭遇。但是，院長聽了只是笑笑，要他隔天再把石頭拿到黃金市場去賣。

在販售黃金的市場上，也有人想出價買這塊石頭，但男孩還是打定主意不賣，後來竟飆漲到比昨天高出十倍的價錢。

最後，院長叫孩子把石頭拿到寶石市場上去展示，結果，石頭的身價又翻漲了十倍，由於男孩堅決不賣，這石頭竟被傳揚爲「稀世珍寶」。

男孩興沖沖地捧著石頭回到孤兒院，問院長爲什麼會這樣。

這次，院長沒有笑，而是望著男孩慢慢說道：「生命的價值就像這塊石頭一樣，在不同的環境下就會有不同的意義。一塊不起眼的石頭，由於你的珍惜、惜售提升了它的價值，最後還被傳爲稀世珍寶。你不也像這塊石頭一樣嗎？只要自己看重自己，自我珍惜，生命就會有意義、有價值。」

英國前首相柴契爾夫人認爲：「每一個人都完全不一樣，重點是你必須開發自己的特性，發揮你的長處。」

每個人在一生中難免都會遭受到許多不同的挫折，在當時可能會心生絕望，認爲自己一無是處。看到別人的風光時，會更加怨天尤人，覺得上天不公平，怎麼只有自己是這樣的無助可憐。

然而，自怨自艾並沒有辦法改變現狀，反而會使情況變糟。

其實，每個人風光背後，都潛藏著不爲人知的辛苦與努力。

自我的價值要靠自己的肯定，只有學會愛自己，別人才可能愛你。

所以，別再埋怨，往前看，自然會對自己產生信心，進而看重自己、珍惜自己、喜歡自己，那麼你將會如寶石一樣閃耀，因爲自信早已爲你披上一身光彩。

擺爛只會讓你更可憐

前浪若不懂得順應風力加快速度前進，就激不起美麗的浪花，就只能等著被後浪無情地取代了。

生命演變最突出的地方就是「改變」，生活演進最重要的狀態則是「成長」。改變與成長常常是一體兩面，不論我們從哪個角度切入，只要願意改變就會成長，只要願意成長就會改變。

不管想在哪個領域爭得一番成就，都要跟著時間流逝而成長、改變，並積極累積經驗與實力，同時積極突破創新，然後才能獲得突破的契機。

楊先生進這間公司時，才剛大學畢業，那年二十二歲。

在那個年代，大學生的學歷是非常少見的，公司視他爲寶貝，積極延攬進公司，並請他擔任總經理的助理秘書。

當然，他的表現也無愧於面試官的肯定，秘書之職做得十分出色，無論是寫報告或講稿，還是處理事務，都能條理分明，處理得又快又好，因而深獲主管們賞識，總經理更是對他十分禮遇。

勤學苦練了好幾年，楊先生的文筆練得爐火純青，公司裡沒有人不知道，楊秘書是個文采飛揚的寫手。

幾年後，總經理提早退休，新的總經理接任後，公司人事進行大搬風，升職的升職，被貶的被貶，楊秘書則被拔擢爲辦公室主任。

與此同時，公司也招聘了一些新員工塡補空職缺，像楊先生原來的秘書之職，便由一名剛大學畢業的新手接下。

然而，新手的文筆生硬，再加上摸不透主管要什麼，寫出的東西亂七八糟，改都沒法子改，總經理只好再請老楊幫忙。

至於他的工作，總經理只得再成立一個行政科，讓那些新人負責，好減輕老楊的工作量。只不過，聰明人都看得出來，這樣的「分擔」卻是讓原本擔任「主任」職位的老楊，再次回到了秘書的位子。

過了好幾年，新的主管與員工來來去去，周遭同事也升了又升，唯獨老楊始終坐在「秘書」的位子上，公司裡每個人一看見老楊都說：「久仰了，這個工作還眞沒有你不行。」

從此，他便成爲公司裡動也不動的秘書，同事從叫他小楊一直到改叫老楊，幾十年光陰過去，他始終在那些方格紙上度過。

看到同事們一個個職位升了又升，老楊心裡當然不是滋味。後來，每當有人恭維他是寫手時，他常恨不得把手中的筆折成兩段，當然他沒有這麼做，因爲他還是想保住「筆神」之名。

有一天，老楊聽說這麼一個故事，大意是說有個開車技術很好的司機，幾十年來都爲主管開車，從未被拔擢提升，然而後來他年紀大了，開車技術也變差了，主管便派他去做行政工作。

老楊似乎從中得到啓發，從此寫稿常常前言不搭後語，條理不清不楚，大老闆提醒他好幾次，甚至還不留情面地大聲批評他，但老楊依然故我。這時，大老闆心裡不禁這麼想：「老楊看來是老了，思想也呆滯了，公司正好要精簡一批人員，看來他也必須列入名單中。」

做了幾十年秘書的老楊就這麼被裁員，這個結局當然是他想都沒想到的。

看著老楊的表現，眞不知道該評他聰明反被聰明誤，還是說他根本就是個沒有腦袋的人？

在職場上，沒有誰是不可取代的，也沒有人可以信誓旦旦地保證這份工作沒有誰就不行，後浪推前浪時有所聞，當然也不乏發現自己不足，而加緊累積自己實力以保住職位的前輩。

職場競爭是現實的，墨守成規的人很快便會被市場淘汰，不知道自己哪裡不足的人隨時都要捲鋪蓋走路，對公司來說，沒有誰是「不可或缺」，只要一發現「不堪使用」的人，多數公司會毫不留情地請人離開。

故事中的老楊，自始至終都安命於同一個位子上，雖然有機會改變一成不變的生活，卻不求變動，好聽的「筆神」之名看起來風光安全，事實上，當身邊的人不斷地高升，不斷地累積資歷時，他只是坐在同一個位子上玩筆而已。

曾有的機會是老楊自己放棄的，後來自作聰明地「擺爛」更是他自毀前途的主因。要謹記，機會不是人人都有的，有機會變動，就不要輕易拒絕，除非自己早有新的規劃。

如果你在同一個位子上等久了，也和老楊一樣始終只做一樣的事，那麼就得重新思考你的情況，或是謹慎評估你的危機。因爲，前浪若不懂得順應風力加快速度前進，就激不起美麗的浪花，就只能等著被後浪無情地取代了。

黃金招牌要掛到底

別人的目光倒是其次，自己心中的懊悔和不甘願才是讓人最為難受的。不想讓自己落入別人的陷阱之中，唯一的方法就是堅持自己的原則。

做人做事都要靠口碑，品質達到一定的水準，獲得了衆人的認同，無形中會增添無窮的助益，讓生意源源不絕。

但是，就算是機器也有老舊的一天，人當然也得在某一天退休。這裡要和大家分享的是，假使打算離開目前的工作崗位，爲了自己好，即使是到了退休當天，也一定要堅持自己追求高品質的原則。

以下這個故事，頗值得大家玩味。

有個老木匠一直都以巧手藝、高品質聞名，但是因爲年紀大了，於是有天便告訴老闆，說自己想要退休離開建築這個行業，回家與妻子兒女享受天倫之樂。

老闆當然捨不得做得一手好活計的木匠離開，於是再三挽留，但木匠決心已下，堅持不爲所動。

老闆無奈，只得答應，但要求他是否可以幫忙再建一座房子，老木匠推辭不過，只好答應了。

但是，在蓋房子的過程中，明眼人都看得出來，老木匠的心已不在工作上了，不但用料不再那麼嚴格，做出的活計也全無往日水準。

老闆看了並沒有說什麼，只是在房子建好後，把鑰匙交給了老木匠。

「這是你的房子。」老闆說：「是我打算送給你的禮物。」

老木匠愣住了，同樣，他的後悔與羞愧，大家也都看出來了。想想他這一生蓋了多少好房子，最後卻爲自己建了這樣一幢粗製濫造的房子。

在這個故事裡，老木匠是徹底的輸家，因爲他雖然得到了一幢房子，卻賠上了自己多年來好不容易累積下來的好聲名，落得晚節不保的下場。

姑且不論老闆是眞的原本就有贈屋的打算，還是看到老木匠蓋出的房子沒有預先設想的品質和價值，就使了這麼一記回馬槍，讓老木匠自作自受，對老木匠來說，這樣的結果都是他自己沒有辦法堅持到底，所遺留下來的缺憾。

老闆失去了得力助手，隨時有人可以頂替，眼前的損失，總有一天可以賺得回來，更何況他慷慨贈屋的舉動，已爲他贏得體恤員工、照顧下屬的好形象，核算起來是利多於弊。

但是，老木匠可就不同了，他本來可以光榮退休，繼續享有專業職人的美名，但就因爲一念之差，一時的鬆懈，以致於全盤皆墨；別人的目光倒是其次，自己心中的懊悔和不甘願才是讓人最爲難受的。其實，又不差多少時間，但這樣的退休方式，不免讓人惋惜。

所以，如果不想讓自己落入別人的陷阱之中，唯一的方法就是堅持自己的原則，保持始終如一的態度，不讓別人有可趁之機，更不會有什麼可議之處留人話柄。

既然已經下定決心要離開，何不多花費一點點的時間與精神，把事情處理得乾淨圓滿，好聚好散，大家依然是朋友，對自己來說只有好處沒有壞處，不是嗎？

畢竟，我們很難預測什麼時候會需要用到這個人際資源。

5. PART

輕視別人
就是貶低自己

自我的價值是來自於自己的肯定，
外在的名氣是眾人所給予的，
今日得到了，他日就可能失去了，
不然怎麼會有人說「虛名如浮雲」呢？

想佔上風，請先保持冷靜

懂得忍讓的人從不感到委屈，他們之所以自發地退讓，是因為他們在冷靜退讓後的角度中，看見了另一片更寬廣的發展空間。

作家萊文曾經寫道：「痛苦的磨練對於肯面對它的人，是一塊墊腳石，但是對於只會逃避它的人，則是一塊絆腳石。」

遇到痛苦和折磨，如果選擇轉身逃避，那麼這些痛苦折磨就會成爲你向下沉淪的拖陷力量，但是，只要願意面對，那麼這些痛苦和折磨就會成爲超越人生困境的主要動力。

跟著情緒行動的人，失去的機會一定比保持冷靜的人還要多，因爲依靠情緒行動的人，很容易讓自己的缺點完全曝露，對手將一眼識破他的弱點。

格拉斯今天將和一位非常難碰面的人約會，在希爾德公司擔任銷售經理這麼多年，他爲了與這位重量級的客戶見面已經等了很久了。

這天，他們約好上午九點整在客戶的會客室見面，然而，格拉斯一直等到了九點半才看見這個人走出辦公室。

然而，這位客戶似乎並沒有發現格拉斯，直接走向秘書桌邊與同事說笑，接著便又走了他的辦公室中。

等到十點時，格拉斯忍不住問接待的秘書人員：「請問，布萊克先生什麼時候能見我？」

秘書冷冷地看了格拉斯一眼，不悅地回答道：「我不知道，他正在忙，你再等一會兒吧！」

格拉斯有些埋怨地說：「他很忙嗎？我剛剛還看見他走出來聊天啊！」

秘書回答：「總之，他有時間見你的時候，自然就會出來見你！」

格拉斯聽見秘書如此高傲，情緒有些被挑起，就在發作前，突然他想起了自己在當拳擊手時，教練送給他的一句話：「不要生氣，當別人生氣的時候，他們必定會得到反效果，如果你能保冷靜，最終你一定能佔上風。」

於是，他不斷地提醒自己：「冷靜，不要讓憤怒佔上風，否則你會讓自己曝露在危險中，任由對手擺佈。」

枯坐在接待室裡思索的格拉斯，看著自己名片上的「銷售經理」四個字，忽然意識到：「看來，他一定是故意要激怒我！不行，如果我眞的被一時的情緒影響，恐怕無法理智地發揮自己的能力，所以，格拉斯，你一定要冷靜地接受考驗。」

格拉斯在接待室裡與自己爭鬥一番後，情緒終於緩和了下來，只見他滿臉微笑，耐心等待著：「他最終會來找我的，當他朝著我走來時，我便知道是誰佔上風了！」

想像自己也正如故事中的格拉斯一般，遇到了相同的爲難景況，然後再試著想像，面對這樣的情況你會怎麼處理？是像格拉斯般不斷地告訴自己：「我知道他是想考驗我，格拉斯，你一定能把情緒冷靜下來，反正你時間多得是！」還是會情緒一挑，憤憤不平地說：「少了你這筆生意又怎樣？我就不相信沒有其他的機會！」

其實，無論哪一個想法都有積極正面的意義，只是後者受制於情緒上的情況更多於前者，而我們都知道，容易受制於情緒操控的人，無論在什麼樣的情況下，確實很容易失去最好的機會。

懂得忍讓的人從不感到委屈，他們之所以自發地退讓，是因爲他們在冷靜退讓後的角度中，看見了另一片更寬廣的發展空間。

他們更知道：「只要我們比別人更加冷靜，不僅什麼也不會失去，反而有機會得到人們讓步的空間。」

用愉快的心情突破每一個困境

通用電器公司的創始人湯姆斯·沃特里生說：「通往成功道路的捷徑，就是把你的失敗次數增加一倍。」

詩人作家歌德曾經寫道：「如果一個人不過高地估量自己，他就會比較能承受折磨和挫折。」

其實，對於某些人來說，挫折會讓他們自暴自棄，但是某些人卻把折磨當成是老天送給他的禮物。

一個人倘若沒有經歷過慘痛的失敗教訓，那麼他只不過是汪洋大海中一條不起眼的小魚；唯有經歷過失敗經驗的人，日後才可能成爲大海中呼風喚雨的吞舟之魚。

美國運動健將，也是世界十項全能紀錄的先驅拉爾夫．約翰遜，曾在各項國際比賽中獲得了不少金牌和掌聲，但是，他卻經常說：「勝利，並不一定就等於成功。」

他曾經對媒體記者說，在每次比賽時，他所得到的最大滿足，並不是打敗對手時的勝利感覺，而是當自己面臨對手強力挑戰時，飽受煎熬後能靠自己想出的方法擊敗對手的欣喜。

確實如此，當我們遭遇失敗時，不要把它當成命運的播弄，而應該思考如何在挫敗中重新振奮。

人生眞正的冠軍，是對自己的失敗能夠積極反應的人；許多曾失敗過的成功者，之所以能東山再起，法寶就是積極面對失敗。

一個經常勝利的人，其實未必就是個眞正的成功者。失敗的折磨是邁向成功高峰的梯子，如果沒有這個梯子，所有的勝利都只是虛浮的。

通用電器公司的創始人湯姆斯．沃特里生說：「通往成功道路的捷徑，就是把你的失敗次數增加一倍。」

當我們遭遇失敗的時候，應該要告訴自己不氣餒、不失望、不喪志，如此才能在失敗的泥沼中走出一條新道路，獲得眞正的成功。

生活中所有的美好的事物，都是經由不斷地修正而達到完美，想要成功，首先當然要設法克服失敗。

只要你能把每次「失敗」帶來的教訓，認眞評析並掌握問題所在，那麼，每一次失敗都會是一次成長，你的人生不僅處處都充滿機會，而且不管遭到任何困難都能豁達以對。

有了這種積極的生活態度，你就會充滿活力，就會以愉悅的心情突破每一個難關。

布雷茲里特曾經說：「如果沒有嚴冬，春天就不會那樣舒心宜人。」

的確，我們若非有時嚐到痛苦，遭到折磨，就不會有苦盡甘來的甜蜜感覺，因此，當我們功成名就時，最需要感謝的，就是曾經折磨過你的人。

每個人都會遭遇失敗挫折，只會怨天尤人的人終究闖不過眼前的難關。與其老是抱怨環境，不如心存感激，把折磨當成磨練自己的難得機會，勇敢接受各式各樣的砥礪。凡事都是相對的，失敗、挫折只是一時，唯有選擇帶著微笑面對，才能替自己創造更多成功的機會。

就像美國科學家哈里．弗斯特克所說的：「人生就像一場演奏會，就算你的琴絃斷了一根，你還是要想辦法以剩下的三根絃，繼續把自己的樂曲演奏完。」

不管你面對的是順境或者逆境，這都是你的人生；遭遇不幸、失敗、挫折的時候，唯有設法從逆境超脫，才能創造自己的幸福優勢，否則就會持續向痛苦的深淵沉淪。

心態決定你的成敗

心態決定了一切，再無其他的選擇時，所激發出來的潛力，將令人刮目相看，這就是「破釜沉舟」的決心。

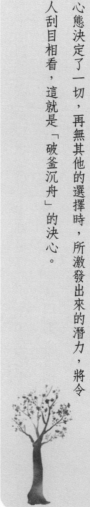

有一段膾炙人口的話是這麼說的：「心態就是人真正的主人，如果你不用積極的心態駕馭生命，那麼生命就會反過來駕馭你！你的心態將決定誰是騎師，誰是馬。」

用不同的心境面對環境，人生就會產生各種可能；你會擁有什麼未來，完全在於你用什麼心態面對現在。

人生的道路很漫長，難免會遇到不如己意卻又無法改變的情況。這時候，不必患得患失，你唯一要做的就是要求自己改變一下念頭。

某位著名流行音樂節目主持人，曾經說過自己親身經歷的故事。

二十年前一個雨雪霏霏、北風烈烈的季節，剛剛中學畢業的他，帶著對音樂的狂熱，隻身來到納什維爾，希望成爲一名流行音樂節目主持人。

然而，他卻四處碰壁，一個月下來，口袋裡差不多空空如也。幸好，一位在超級市場工作的朋友，偷偷把準備銷毀的過期食品拿來接濟他，才能勉強度日。

到最後，他身上只剩下一張一美元鈔票，怎麼也捨不得把它花掉，因爲上面有著一位他喜愛的歌星的親筆簽名。

一天早晨，他在停車場發現一名男子坐在一輛破舊不堪的汽車裡。

一連兩天，這輛汽車都停在原地，車內的男子每次看到他，都溫和地向他揮揮手。

他心裡不禁納悶，這麼大的風雪，這名男子待在那兒做什麼？

第三天早晨，當他走近那輛汽車時，那名男子把車窗搖下來。他停住腳步，

和男子攀談起來。

聊了一會，他知道男子是來這裡應聘的，但因爲早到了三天，無法立即工作，

錢又花完了，所以只好不吃不喝地待在車裡。

這名男子忸怩了片刻，然後紅著臉問是否可以借給他一美元買點吃的，日後

他必定會奉還。

然而，這位流行音樂節目主持人根本自身難保，只好侷促不安地向他解釋了

自己的困境，後來實在不忍看到他失望的表情，因而倉皇轉身離去。

剎那間，他想起口袋裡的那一美元。猶豫了再猶豫，他終於下了決心，回到

那人的車前，把錢遞給了那個男子。

這名男子的兩眼頓時亮了起來。「有人在上面寫了字。」他說。

男子沒有留意到那是一個名歌星的親筆簽名。而那一整天，音樂節目主持人

都強迫自己儘量不去想這珍貴的一美元。

彷彿時來運轉似的，就在當天早晨，一家電台通知他去錄製節目，薪金五百

美元。

從那以後，他一砲打響，成爲正式節目主持人，再不用爲吃穿用度發愁。

他再也沒見過那輛汽車和那名男子。有時候，他不禁要想，這個落魄男子到底是乞丐，還是上天派來的使者？但有一點是清楚的，這是他人生碰到的一次至關重要的考試，而他通過了。

如果沒有岸礁，怎可能激盪出美麗的浪花？相同的，人生未經挫折的歷練，也感受不出生命的美好。

爲了夢想而投注一切，卻遇上了瓶頸而停滯不前，前頭無路，又不甘心就此放棄，已到了山窮水盡的時候，人沒有一定的覺悟，就沒有辦法丟出手中僅剩的籌碼。

在自我束縛的情況下，就永遠沒有辦法放手一搏，絕對不會有所作爲，只會不斷無助地等待，直到機會完全流逝。

那名主持人，如果死守著手中的一美元，仍爲自己留了後路，當他遇到機會的時候，就不會拼盡全力以求絕處逢生，也許機會就輪不到他手中。

心態決定了一切，當他告訴自己，這是最後的機會，再無其他的選擇時，所激發出來的潛力，將令人刮目相看，這就是「破釜沉舟」的決心。

他珍惜的一美元，爲他帶來值得珍惜的良機，當他把握住機會，他已經踏出了自我的罣礙，勇敢地邁向人生的另一段旅途。

該感恩的，不該視為理所當然

想要平靜快樂的生活，不留遺憾，就該常懷感恩之心，隨時準備回報關懷我們的愛，或許就先從我們生命中重要的人、事、物開始。

在成長的過程當中，我們恣意地享受父母羽翼下所提供的溫暖，長久下來，漸漸視爲理所當然，甚至對於父母的頻頻關心視爲叨唸，嫌他們麻煩，竟忘記在我們成長之後，他們已漸漸垂老。

下面是一則感動人的故事，提醒我們不要忘了及時回報雙親的養育之恩，即使只是爲他們洗洗腳也罷。

一位日本知名大學畢業生前往一家大公司應徵，由社長親自面試的最後關卡，他從容應對，展現不凡的實力。面談快結束時，社長靜靜地審視著他的臉，出乎意外地問：「你替父母洗過澡或擦過身體嗎？」

「從來沒有過。」青年很老實地回答。

「那麼，你替父母捶過背嗎？」

青年想了想，回答說：「有過，那是我在讀小學的時候，那次母親還給了我十塊錢。」

面談很快地結束了，當青年臨走時，社長突然對他說：「明天這個時候，請你再來一次。不過，有一個條件，剛才你說從來沒有替父母擦過身，明天來這裡之前，希望你一定要爲父母擦一次身。你能做到嗎？」

既然這是社長的吩咐，攸關著工作的成敗，因此青年一口答應。

這名青年剛出生不久後父親便去世，母親爲人幫傭拼命掙錢，養兒持家。儘管大學學費令人生畏，但他的母親仍毫無怨言，繼續幫傭供他上學。直至今日，母親還外出工作，等青年到家時，母親還沒有回來。

青年心想，母親出門在外，腳一定很髒，他決定替母親洗腳。

母親回來後，聽到兒子要替她洗腳，不禁感到很奇怪：「腳，我還洗得動，我自己來洗吧。」

於是，青年將自己必須替母親洗腳的原委一說，母親只好依著兒子的要求坐下，把腳放進水盆裡。

青年右手拿著毛巾，左手抓握著母親的腳，他訝異地發現母親的那雙腳已經像木棒一樣僵硬，不由得摟著母親的腳潸然淚下。回想起在讀書時，他是如何理所當然地花用著母親如期送來的學費和零用錢，現在他才知道，那些錢其實是母親以血汗換回來的。

第二天，青年依約去那家公司，對社長說：「現在我才知道母親爲了我受了很大的苦，你使我明白了在學校裡沒有學過的道理，謝謝社長。如果不是你，我還從來沒有握過母親的腳，我只有母親一個親人，我要好好照顧，再不能讓她受苦了。」

社長點了點頭說：「你明天到公司上班吧。」

一場面試讓一名青年及時醒悟，在他的人生中還有一件重要的事——奉養父母。

我們往往理所當然地接受家人的關注，以及不需理由的支持，結果常常忘了感恩。虧欠別人的會一直耿耿於懷，隨時想找機會報恩，償還人情債，但是面對親人的援手，好像就可以省去這個步驟，認爲：「反正你應該知道我是在乎你的，不就好了？」然而，這樣眞的就好了嗎？

其實，我們又不具有窺心的能力，怎麼可能理所當然認爲對方應該知道自己的想法呢？就算親子連心，把話放在心底和把愛說出來，相信也是截然不同的感受。既然家人是你深愛、重視的，爲什麼反而不曾在乎過他們的感受呢？

不懂感恩的人無法快樂，因爲當你對事物有過多理所當然的期望時，一旦期望落空時，所感受到的會是更多的失望，心情只會更加沮喪，如何快樂得起來？

反觀，對事物沒有太多期望的時候，當結局遠超過預期的美好，除了心情雀躍之外，心中必定更是感激莫名的。

大部分的人都是在面臨失落的威脅之際，才會心生感激，才有感恩的想法，因爲曾經以爲再也無法擁有。

由此可見，感恩與快樂是有相乘的關聯存在。

想要平靜快樂的生活，不留遺憾，就該常懷感恩之心，隨時準備回報關懷我們的愛，或許就先從我們生命中重要的人、事、物開始。

輕視別人就是貶低自己

自我的價值是來自於自己的肯定，外在的名氣是眾人所給予的，今日得到了，他日就可能失去了，不然怎麼會有人說「虛名如浮雲」呢？

俗語說：「人怕出名，豬怕肥」，身爲名人或公衆人物，可能就代表著隱私權被剝奪，因爲處處都有人睜大眼睛看著他們，爲了維護自己的形象，可能忍受了旁人無從得知的巨大壓力。

當然，也有人很享受名氣所帶來的種種好處，包含高人一等的優越感與虛榮感……等等。

只是，即便是衆星拱月的大主角，也不一定能讓所有的人隨之起舞。

電影明星洛依德將車子開到檢修站例行維修檢查，一名女性工作人員負責接待他。

她熟練靈巧的雙手和美麗的容貌，一下子吸引了洛依德。當時，整個巴黎都知道他的名氣，可說是無人不知、無人不曉，但這位姑娘卻絲毫不表示驚異和興奮，只是專心忙著自己的工作。

「妳喜歡看電影嗎？」他禁不住問道。

「當然喜歡，我還是個影迷呢。」

女孩手腳伶俐，很快地完成了汽車的維修工作，然後對洛依德說：「您可以開走了，先生。」

但洛依德卻感到有點依依不捨：「小姐，可以陪我去兜兜風嗎？」

「不！我還有工作。」

「這同樣也是妳的工作，妳修的車子，最好親自檢查一下。」

「好吧，是您開還是我開？」

「當然我開，是我邀請妳的嘛。」

車況非常良好，一路行來平穩又順暢。女孩開口問道：「看來沒有什麼問題了，請讓我下車好嗎？」

「怎麼，妳不想再陪陪我了？我再問妳一遍，妳喜歡看電影嗎？」

「我回答過了，喜歡，而且是個影迷。」

「那，妳不認識我嗎？」

「怎麼會不認識呢？您一進來，我就認出您是當代影帝阿列克斯．洛依德。」

「既然如此，妳爲何還這樣冷淡？」

「不！您錯了，我沒有冷淡。只是沒有像別的女孩子那樣狂熱。您有您的成就，我有我的工作。您來修車是我的顧客，如果您不再是明星了，再來修車，我也會一樣地接待您。人與人之間不就應該是這樣嗎？」

洛依德不禁沉默了。因爲，在這名女修車員的面前，令他感到自己的淺薄與虛妄。

「小姐，謝謝！妳讓我知道，我應該認眞反省一下自己的價值。現在讓我立刻送妳回去。」

人往往會因爲外在的包裝或是渲染而把自己想得太過高貴，其實哪有人眞的是鑲金帶銀的呢？每一個人都不過是皮囊之軀罷了！

只不過有一點小小的功名成就，別人不一定要向你卑躬屈膝，如果因此而看不起別人，其實是輕視了自己，最後終究會自取其辱！

人生在世，其實每個人都應該是平等的，不見得身爲總統就比別人高尚，畢竟總統也是替人民做事的呀！自我的價值是來自於自己的肯定，外在的名氣是眾人所給予的，今日得到了，他日就可能失去了，不然怎麼會有人說「虛名如浮雲」呢？

偶像明星是因爲有歌迷、影迷的支持，才有所謂的名氣與人氣，如果沒有歌迷、影迷願意掏腰包花錢去買唱片、去看電影，即便是明星又如何呢？別人活該匍匐在他們的腳下嗎？

愈是聲名在外，就應該愈懂得謙卑感恩才是；唯有懂得尊重他人，才能獲得他人的尊重。

所以，那名女修車員應對得漂亮，即使是影帝，在修車廠內也不過是一名顧客而已，並不須要給予特殊的禮遇，公事只要公辦就成了。

為善更要心存慈悲

在幫助別人的時候，我們更應該心存慈悲、小心翼翼，因為人在低潮的時候，特別敏感，特別易傷自尊，很容易把別人的好意視為同情與憐憫。

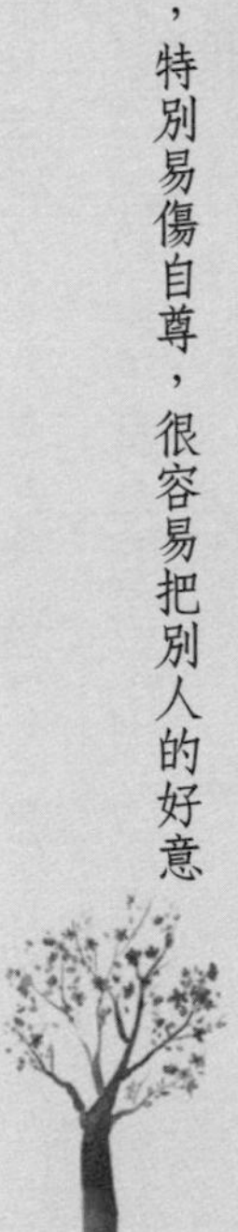

哈利．提佩特認爲：「在所有美德所形成的花園中，慈悲是最可愛的一朵小花。它可以在所有的土壤中綻放、盛開，甚至是在最黑暗的角落裡。它知道無論在任何季節裡，以及在任何地方，它能一樣茂盛成長。」

這個世界需要更多慈悲的行爲，來驅動人類內心善良的力量，讓世界變得更加美好。只是，爲善也要懂得運用方法，否則不但得不到別人的感謝，反而適得其反。

還記得古時候那位堅持不吃嗟來食因而餓死的饑民嗎？即使是貧窮和弱勢，甚至是走投無路的人，也有權利決定不去滿足你虛榮的慈悲心。

從前有位善心的富翁，蓋了一幢大房子，他特別要求營造的師傅，把那四周的屋簷，建得加倍的長，使貧苦無家的人，能在下面暫避風雪。

房子建成了，果然有許多窮人聚集簷下，但是日久下來，他們非但不肯離去，甚至生火煮飯，擺起攤子做買賣。嘈雜的人聲與油煙，使富翁不堪其擾；心中不悅的家人，也常與簷下的人爭吵。

一年冬天，有個老人在簷下凍死了，大家更是破口大罵富翁爲富不仁。到了夏天，一場強風颳過，別人的房子都沒事，富翁的房子因爲屋簷特長，居然被掀了頂，村人們都說這是惡有惡報。

重修屋頂時，富翁要求只建小小的屋簷，因爲他明白：施人餘蔭總讓受施者有仰人鼻息的自卑感，結果由自卑變成了敵對。

後來，富翁把錢捐給慈善機構，並蓋了一間小房子，所能蔭庇的範圍遠比以前的屋簷小，但是四面有牆，許多無家可歸的人，都能在其中獲得暫時的庇護。沒過幾年，富翁成了村中最受歡迎的人，即使在他死後，人們仍然紀念著他。

在幫助別人的時候，我們更應該心存慈悲、小心翼翼。因爲，人在低潮的時候特別敏感，特別易傷自尊，很容易把別人的好意視爲同情與憐憫，處理得不好，彼此都會受到傷害，施者覺得自己的熱臉貼上了冷屁股，而受者則有嚴重的羞辱感。

相信我們在伸出援手的時候，目的並不是爲了要沽名釣譽，抑或是藉著別人的悲慘遭遇來突顯自己的優越感，所以，我們不需要去做一些形式上的施與，那沒有任何實質上的幫助，而是要眞正從自己出得了力的地方著手，顧全對方的自尊，才是眞正的助人。

我們無法化解別人的哀傷，因爲事實上除非我們有過同樣的遭遇，否則不可能感同身受，但是我們能夠傾聽與陪伴，分受種種情緒，讓他們依自己的步調走出傷痛。

就如同一句德國諺語所言：「分受別人的哀傷，可以讓哀傷減半；分享別人的喜悅，可以讓喜悅加倍。」

有人說：「世界就像一面鏡子，它反映著你所做的一切，如果你肯對他人微笑，他們也會對你報以一笑。」

秉持著善意行事，行動之前站在對方的立場上設想，就能夠減低誤會的發生。就像故事中的富翁一般，他原想爲善不欲人知，卻沒有想到未能貼近那些需要幫助的人眞正的需求，所以收到了反效果，反而受人怨懟。

與其如此，倒不如提供求助的管道，比方說慈善機構等，讓有需求的人可按圖索驥，讓需要幫助的人，眞正得到幫助。

心靈的傷口，即使彌補仍留疤痕

人在憤怒的時候，所說的話語全部是以攻擊、傷害對方為出發點，即便事後後悔了，也如同那些遺留下來的釘孔般，永遠沒有辦法恢復原狀，再怎麼彌補也看得出痕跡。

發脾氣是很容易的事，只要心中不滿，臉上的表情看來一定難看醜陋，即使笑也是強顏歡笑。

可是，當我們貿然把怒氣向旁人揮灑時，別人所受到的傷害，並不是我們所能預期與設想的。

英國哲學家羅素曾說：「一個人越不懂得控制自己的人，越是察覺不出自己傷害了別人，也傷害了自己，因為眼前的事物蒙住了他的眼睛。」

如果你不想浪費自己的生命，那麼，就必須控制自己的情緒，千萬不要爲了一些無謂的小事和別人僵持。

有個脾氣很壞的小男孩，幾乎無時無刻都在生氣，常常鬧得雞飛狗跳，大家不得安寧。

一天，他的父親給了他一大包釘子，要求他每發一次脾氣都必須用鐵鎚在後院的柵欄上釘一根釘子。

第一天，小男孩就在柵欄上釘了三十七根釘子。

但隨著時間過去，柵欄上的釘子數目逐漸減少了，因爲他發現控制自己的壞脾氣比往柵欄上釘釘子要容易得多了。於是，過了幾個星期，小男孩學會控制自己的脾氣了。

他把自己的轉變告訴了父親。他父親又說：「如果你能維持一整天不發脾氣，那麼，就從柵欄上拔下一根釘子。」

經過一段時間，小男孩終於把柵欄上所有的釘子都拔掉了。

父親來到柵欄邊，對男孩說：「兒子，你做得很好。但是，你看釘子在柵欄上留下那麼多小孔，柵欄再也不會是原來的樣子了。記住，當你向別人發過脾氣之後，就會在人們的心靈上留下疤痕，就好比用刀子刺向了某人的身體，然後再拔出來。無論你說多少次對不起，那傷口都會永遠存在。口頭上的傷害與肉體的傷害沒什麼兩樣。」

雖然有很多人建議我們，不要太在乎別人的看法，會讓自己過得比較快樂，但事實上，我們很難不去在乎別人的看法。

如果有人對我們發出攻擊的言辭，儘管可以據理力爭，即使在口語、面子上不落人後，但是內心受傷的感覺卻無法消除。

所以說，吵架是一項兩敗俱傷的活動，吵贏的和吵輸的一定都不可避免的造了口業，更何況人在憤怒的時候，所說的話語全部是以攻擊、傷害對方爲出發點，即便事後後悔了，也如同那些遺留下來的釘孔般，永遠沒有辦法恢復原狀，再怎麼彌補也看得出痕跡。

只是很可悲的，即使是最親近的人，也會發生摩擦，也會彼此爭執，也同樣會在爭執之中彼此傷害。

因此，爲了不讓自己後悔誤傷了自己重視在乎的人，請小心地宣洩自己的情緒，在發脾氣之前想辦法冷靜下來，好比用力深呼吸幾次，想想看有沒有什麼比爭吵罵人更好的方法，或許你就能做出不讓自己後悔的決定。

用體諒與包容減少遺憾

或許我們該再試著重拾那樣的感動，在自己能力的範圍之內，主動地關懷別人，及時伸出援手，那麼，這個世界將會流洩出更多的溫情，減少過多遺憾的發生。

里奧．巴斯塔博士在其作品中曾說到：「很不幸的，我們教育體系的設計，就像在我們身上施打防疫針，使我們對於感同身受、憐憫心與普遍的善行都產生了抗體。」

現實殘酷的社會鼓勵我們往個人主義的方向走去，這就成爲我們共同的價值觀。我們在這樣的訓練下，變得只重視智力發展，變得厚顏無恥，也變得自戀、自大。我們變得冷血、變得無情，變得對許多事物都毫不在乎，也漠不關心。

曾經有這麼一則故事，讀來令人動容。

越戰結束後，一個美國士兵從越南戰場回到國內，在舊金山打了一通電話給他的父母。

「爸爸，媽媽，我要回家了！但我想請你們幫我一個忙，我要帶一位我的朋友回來。」

「當然可以。」父母回答道：「我們會很高興見到他的。」

「有件事必須先告訴你們，」兒子繼續說：「他在戰鬥中受了重傷，他踩著一個地雷，失去了一隻胳膊和一條腿。他無處可去，我希望他能來我們家和我們一起生活。」

「我很遺憾聽到這件事，不過，孩子，也許我們可以另外幫他找一個適當的地方住下。」

「不，我希望他和我們住在一起。」兒子堅持。

「孩子，」父親說：「你不知道你在說些什麼，這樣一個殘障的人將會給我們帶來沉重的負擔，我們不能讓這種事干擾我們的生活。我想你還是趕快回家來，把這個人給忘掉，他自己會找到活路的。」

就在這個時候，兒子突然掛上了電話，而這對父母再也沒有得到他們兒子的消息。

幾天後，他們接到舊金山警察局打來的一通電話，告知他們的兒子從高樓上墜地而亡，警方判定是自殺。

悲痛欲絕的父母連夜飛往舊金山。在陳屍間裡，他們驚愕地發現，他們的兒子只有一隻胳膊和一條腿。

那對父母其實並沒什麼大錯，因爲他們只不過表達了不願意爲了一名陌生人而擾亂了自己原本的生活。但是，他們的兒子卻完全明白了，以自己目前的狀況，他的雙親會覺得是一種負擔，他不願意逼迫他的父母因爲至親的緣故才勉強忍受自己。

於是，他選擇了永遠地離開，留下一對傷痛卻後悔莫及的父母，活在無限的懊悔之中。

在功利的社會裡，我們學會以價值來衡量，我們漸漸忘記幫助別人所帶來的內心喜樂。

人人自掃門前雪，爲了怕自己受到傷害，於是選擇孤獨與疏離，所以這個世界變得冷漠了。

此外，大部分時候，我們不會立即發現自己脫口而出的話語，已經刺傷周圍的人，甚至是自己最至親的家人，當自己察覺時，往往已經造成無法挽救的遺憾了。

美國詩人愛蜜莉．狄更生曾經寫下這樣的詩句：「如果我能使一顆心免於破碎，我的人生就沒有白活；如果我能減輕一個人的痛苦，或是讓他好過一些，甚至是將病弱的小鳥送回家，我的人生就沒有白活。」

或許我們該再試著重拾那樣的感動，在自己能力的範圍之內，主動地關懷別人，及時伸出援手，那麼，這個世界將會流洩出更多的溫情，減少過多遺憾的發生。

包容是一種生活智慧，可以讓走在人生路上的彼此擁有更多機會。想要讓生活和樂圓融，就要學會包容的智慧。用寬容的心情面對事情，不能只活在自己的世界，一味以自己的眼光看待別人，一味以自己的主觀意識做爲行事標準。

6. PART

忙碌，要忙得有價值

忙碌，要忙得有價值，
不要常常讓自己沉浸在忙碌的情緒之中，
最後模糊了自己的人生目標，
成為一個走不回來的人。

忙碌，要忙得有價值

忙碌，要忙得有價值，不要常常讓自己沉浸在忙碌的情緒之中，
最後模糊了自己的人生目標，成為一個走不回來的人。

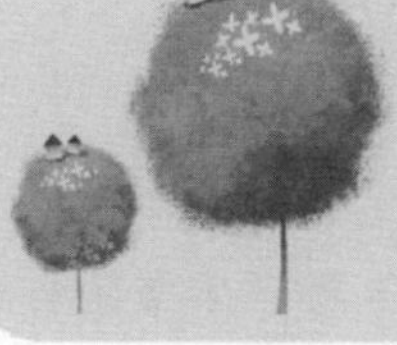

忙碌，是現代人的通病，有時是一種生活方式，有時只是一種藉口，有時則是模糊了目標的盲目。不知那些忙碌的人，可曾花一點點時間停下來想想，自己究竟是眞忙還是瞎忙。

這世間，有兩種人是走不回來的人。

一種是貪心的人。托爾斯泰寫過一個故事，訴說一個地主去拜訪一位部落首領，首領要他向西走，然後做一個標記，只要能在太陽落山之前走回來，從此到

標記之間的土地全部屬於地主。

但是，太陽落山了，地主卻沒有走回來，因爲走得太遠，他拼盡了全力也趕不回來，最後更累死在路上。

貪心人因爲貪，所以走不回來。然而，現實生活中還有另一種人，他們不貪，可是也走不回來。

有位作家寫過一則有趣的寓言故事，大意是這樣的。

有一個人打算在客廳裡掛一幅畫，當畫在牆上扶好，正準備釘釘子，突然想道：「這樣不好，最好釘兩個木塊，再把畫掛在上面會好看些。」

於是，他放下畫出去找木塊。

很快地找著了木塊，正要釘，他又覺得木塊有一點大，最好能鋸掉點，於是又四處去找鋸子。

可是，找來鋸子，還沒有鋸兩下，他又說：「不行，這鋸子太鈍了，得磨一磨再說。」

挫刀拿來了，他又發現挫刀把柄壞了，爲了給挫刀換個把柄，他又去校園旁邊的一個灌木叢裡尋找小樹。

正要砍下小樹，他又發現生滿鐵銹的斧頭實在是不能用，於是又找來磨刀石。可是，爲了固定住磨刀石，必須得要先製作幾根木條。爲此，他又到校外去找一位木匠，聽說木匠家有一個現成的固定架。

然而，這一走，就再也沒見他回來。

當然了，那幅畫始終沒釘成，因爲到了下午，他還在幫木匠從商店裡往外架設一台笨重的電鋸呢。

工作和生活中，有好多走不回來的人。

因爲，他們認爲要做好這一件事，必須得去做前一件事，要做好前一件事，必須得去做更前面的一件事。他們逆流而上，尋根探底，最後把那原始的目的忘得一乾二淨。

這種人看似忙忙碌碌，整天一副辛苦的樣子，其實，他們根本不知道自己在忙什麼。

有人問世界知名的指揮家托斯卡尼尼的兒子華特，他的父親認爲自己最重要的成就是什麼。

華特簡單地回答：「對我父親來說，這個問題是不存在的。因爲無論何時，只要他做一件事，在那個時刻，就是他生命中最重要的事——不管是指揮一首交響曲，還是剝一個橘子皮。」

戴爾·特納說：「一次只做一件事，當你做事時則要全神貫注。」將一件事做好，再去做另一件事，才不致於花了許多時間與精力，最後卻一事無成。

唯有心無旁騖、專心致力，才能將一件事做到最好。再忙也可以先將要處理的事情做簡單的先後順序排列：重要且緊急的、緊急而不重要的、重要但不緊急的、不重要也不緊急的，一項一項依序處理。

做一件事的時候，不要費心去想別件事，最後，你將會發現自己無形之中已把絕大多數的事情順利完成了。

忙碌，要忙得有價值，畢竟生命的美好，不應該在庸庸碌碌之中浪費了。不要常常讓自己沉浸在忙碌的情緒之中，最後模糊了自己的人生目標，成爲一個走不回來的人。

圓融通變，魚和熊掌才可能兼得

與其預先去想種種不可能，一步也踏不出去，還不如花點心思分析多種可能性，畢竟雖然條條大路通羅馬，只要想走一定走得到。

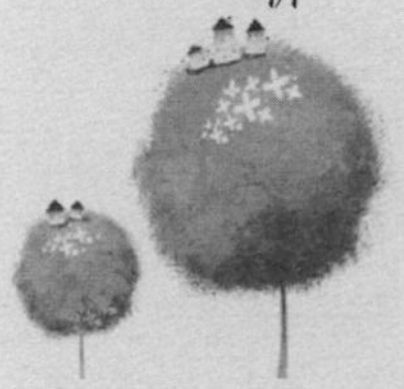

孟子曾經藉魚與熊掌比喻兩者都是自己所需，但是必須有所取捨時，即便左右爲難，也要做出抉擇。

當然，不管選了哪一個，人終究還是會後悔地想著，當初如果選另一個，結果會不會有所改變。

只是，人生並非處處都是是非題，有時轉換一下想法，想要「魚與熊掌兼得」，似乎也不是不可能的事。

著名文學家沉從文的表侄黃永玉，是一位知名的大畫家。

某天，有人問他爲何可以一手畫好山水，一手寫妙文章，如此一心二用不怕兩者皆空嗎？

他沒有直接回答，而是說了這麼一個小故事。

甲乙二名信徒都酷愛吸煙，甲問神父：「我祈禱時可以吸煙嗎？」

神父立刻大聲斥責說：「那怎麼行！」

接著，乙問神父：「我走路時想著上帝，吃飯時想著上帝，如果吸煙時也想著上帝，可不可以？」

神父說：「當然可以。」

這個故事聽起來雖然有點詭辯、賣弄文字遊戲的感覺，但是事情的確不是只有一種處理方法。所謂規定是死的，人是活的，靈活變通便可以更圓融地面對人生的種種問題。

甲信徒將問題的重點放在吸煙上，而乙信徒則將焦點鎖定在「心中有上帝」，當然神父所給的答案天差地別。

這當然是一則邏輯上的笑話，但是也可看出立場不同，往往會造成不同的行動與想法。

所以，如果一直想著選了魚就不能選熊掌，或是選了熊掌便會失去魚，那麼這兩者的確沒有辦法全部擁有。

然而，若是以既要魚又要熊掌的角度出發去設想，說不定就能找出兩者兼得的好方法。

黃永玉以這個故事妙答別人對他的疑問，說明作畫與寫文章，其實並不互相牴觸，可以同時進行。

當然，人是沒辦法一邊寫文章一邊作畫，又不是金庸筆下人物小龍女，可以左手畫圓右手畫方，雙管齊下，可是，卻可以在寫文章的時候心中織構美麗的畫面，而在繪製山水時創造詩意的詞句，兩者並不相違背。

與其預先去設想種種不可能，一步也踏不出去，還不如多花點心思分析各種可能性。畢竟條條大路通羅馬，很多小路也可以通抵羅馬，只要想走一定走得到。

就算山窮水盡，自己炸開一條路也是一種辦法，只要多運用創造性的思考，前景必然會有柳暗花明的驚喜。

規劃生活腳步，才能避免錯誤

不懂事情輕重的人，不知道自己角色與本份的人，總是不明白太過依恃小聰明，只會讓自己不斷地深陷危機之中。

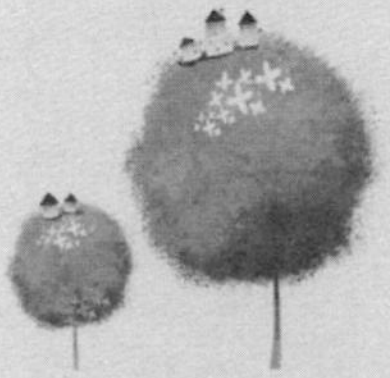

看著上班的人潮，不知道你最常看見的是掛著「緊張焦慮」的臉，還是「自在閒適」的神情？

生活和時間是我們自己的，再不用心分配，時間很快便會被我們消耗殆盡。不是相間不夠，是我們習於怠惰。

經常遲到的人，不妨好好算一算，每天多賴床十分鐘，幾年下來，浪費掉的時間究竟有多少！

剛從大學畢業的喬琳應徵到一間離家很遠的公司上班，所幸每天清晨七時，公司會派一輛專車到鄰近她家的某個地方接員工上班。

這通勤辦法看似方便，但對喬琳來說卻是個麻煩，習慣賴床的她常因為多留戀了一會兒被窩而差點趕不上車，這也讓她想起不久前的學生生活，那是可以大膽為賴床而翹課的時候。

冬天到了，喬琳賴床的時間也越來越長，這天她便比平時遲了五分鐘起床，而這五分鐘卻讓她付出嚴重的代價。

這天，當喬琳匆忙趕到專車等候處時，班車早已開走，站在空蕩蕩的馬路邊，喬琳一時間六神無助，心中不覺地責罵自己：「早知道就不要賴床了。」

就在她自責的時候，忽然看見公司的藍色轎車正停在不遠處，她想起同事曾告訴她：「那是公司派給主管們的座車。」

喬琳立即朝那輛車的方向跑去，來到車門前時，稍稍猶豫一下後，接著便打開車門坐了進去。

這時，前座的司機回頭看了她一眼，然後好心地對她說：「小姐，妳不應該坐這輛車，妳最好快去找別的車上班，不然妳會後悔的。」

「爲什麼？我覺得我今天運氣很好啊！」喬琳滿臉得意地說。

這時，公司主管拿著公事包迅速地坐上車，卻發現車子裡多了一個人，吃驚地問：「小姐，妳有什麼事嗎？」

喬琳連忙解釋說：「因爲公司的車子剛開走了，我想搭個便車。」

接著，喬琳還一派輕鬆地說：「您應該不忍心讓一個女孩在寒風中等車吧？特別是在這麼寒冷的冬天裡，況且搭個順風車又不礙事，可以吧？」

主管聽完後，先是愣了一下，但很快便明白她的用意，厲聲回答說：「不，妳沒有資格坐這輛車，請妳立刻下車。」

喬琳這下可呆住了，因爲她從未遇過這樣嚴厲的拒絕。要是平時，她定會重重地關上車門，顯示她大小姐的驕傲，但轉念間她想到這份難得的工作機會，只好乞求著主管：「拜託您，我現在如果下車，肯定會遲到的，我眞的很需要您的幫助啊！」

「遲到是妳自己的事。」主管冷冷地回答。

喬琳看著無情的主管，淚水開始在眼眶裡打轉，絕望之餘，竟固執地坐在車裡，以沉默不語對抗主管的不近人情。

結果呢？

兩個人在車上僵持了一會兒，最後卻見主管抓起公事包跨出車門，在寒冷風中攔下一輛計程車，飛馳而去。

至於喬琳，則在車裡放聲哭泣，司機見狀嘆了口氣說：「小姐，回去好好想一想吧！」

看完了喬琳的事例，想必讓許多人搖頭嘆息吧！或許你會覺得主管太不近人情，但要是喬琳不賴床，又怎會自取其辱？

喬琳的情況是在眞實生活中發生的情況，可不是電視裡胡亂編寫的劇本。聽明的你一定知道，生活始終有現實的一面，不願面對現實，結果只會像喬琳一樣，因爲自己的怠惰耽誤而害慘了自己。

不懂事情輕重的人，不知道自己角色與本芬的人，總是不明白太過依恃小聰明，只會讓自己不斷地深陷危機之中。

遲到原本是可以避免的，一句「早知道就不賴床了」無法扭轉這個錯誤，「遲到」更不是請求協助的好理由，因爲一個連最基本生活都不能自律的人，主管又怎麼放心把公司前途交託到他手中？

能「嚴以律己」，我們才會小心安排生活腳步，也才能避免一句又一句的「早知如此」，並減少犯錯的機率！

選擇結果就無須在乎過程

唯有靈活應變，多方觀察，從別人想不到的方向去設想，才能搜尋出一條最好、最便利、最有成效的道路，輕鬆脫離泥淖，達成既定目標。

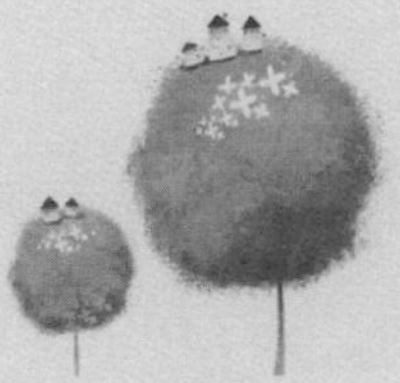

事情若是只看表面，很容易受到蒙蔽，所謂「以貌取人，失之子羽」指的就是這個意思。

人與人之間的相處，有「相形不如論心，論心不如擇術」的道理存在。與其只觀察一個人的外貌，不如了解他的內心，而要了解他的內心，不如看他的實際表現。

其實，有時做事也可以好好地運用這個方法。

一位猶太富豪走進一家銀行，來到貸款部前，大模大樣地坐了下來。

「請問先生，您有什麼事情需要我們效勞嗎？」貸款部經理一邊小心地詢問，一邊打量來人的穿著：名貴的西服、高檔的皮鞋、昂貴的手錶，還有鑲寶石的領帶夾……

「我想借點錢。」富豪開口說。

「當然可以，您想借多少呢？」貸款部經理端出專業的笑容，打算爲這位看來是大戶的客人服務。

「一美元。」

「只借一美元？」貸款部經理不禁驚愣了。

「我只需要一美元，可以嗎？」

「當然，只要有擔保，要借多少，我們都可以照辦。」

「很好。」猶太人從豪華的皮包裡取出一大堆股票、債券等放在桌上：「那麼，用這些東西來做擔保可以嗎？」

經理仔細地清點了一下，「先生，這些總共價值五十萬美元，擔保綽綽有餘了，不過，您眞的只要借一美元嗎？」

「是的。」猶太商人面無表情地說。

「好吧，那我們到那邊辦手續吧，年息爲百分之六，只要您支付百分之六的利息，並於一年後歸還本金，我們就把這些充作擔保品的股票和有價證券還給您……」

「謝謝。」猶太富豪辦完手續，便準備離去。

一直在一邊冷眼旁觀的銀行總經理怎麼也弄不明白，一個擁有五十萬美元的人，怎麼會跑到銀行來借一美元呢？

他從後面追了上去，有些窘迫地說：「對不起，先生，可以請問您一個問題嗎？」

「你想問什麼？」

「我是這家銀行的總經理，我實在搞不懂，你擁有五十萬美元的財產，爲什麼只借區區一美元呢？若是您想借四十萬美元的話，我們也會很樂意爲您服務的……」

「既然你問起，我不妨把實情告訴你。我來這裡，是要處理一件公務，可是要隨身攜帶的這些票券實在很礙事，我問過幾家金庫，打算租他們的保險箱，但是租金都很昂貴。我知道貴行的保全工作做得很好，所以，就將這些東西以擔保的形式寄存在貴行了，由你們替我保管，我還有什麼不放心呢？況且利息很便宜，存一年才不過六美分……」

你要說這名猶太富豪老奸巨猾也可以，但我倒以爲他是個相當聰明的人，難怪有能力擁有那麼多的財富。因爲，他懂得掌握對自己最有利的資訊，做出最正確的判斷。

摒除既定的成見，其實做起事來會有更大的揮灑空間。

反其道而行，更容易奏收出奇不意之效，反正猶太富豪的東西橫豎是要放在銀行的金庫，辦了貸款付利息，比起繳納昂貴的保管金來說，顯得微不足道多了。

當你重視的是結果時，比較起來，過程也就不是那麼重要了。

處理事情的方法有千百種，腦筋不懂得轉彎的話，就容易走進死胡同。唯有靈活應變，多方觀察，從別人想不到的方向去設想，才能搜尋出一條最好、最便利、最有成效的道路，輕鬆脫離泥淖，達成既定目標。

每一個選擇都必須付出代價

每一件事都有其代價，當你做決定時，不妨先想想自己需要付出些什麼代價，因為最後你一定要為自己的選擇付出代價，不論你是否承受得起。

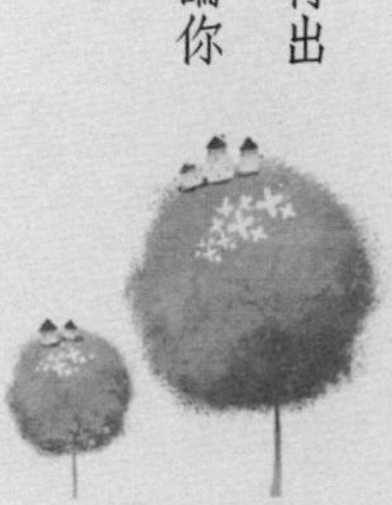

生命中有很多事物對我們來說都很重要，有時甚至無法爲它們的重要性劃分出任何等級。

有一個古老的難題：當你的母親、妻子、孩子都掉進水中的時候，你應該先去救誰？不同的人總會有不同答案，衆說紛云。哲學家們曾經就不同的答案深入地分析，說明不同的人有著思想、靈魂、價值觀念……等等的重大差異。只是，這些分析並不眞的能告訴我們，究竟該救哪一個才對。

有一位農民被迫要從中做出抉擇，或許我們可以聽聽他的答案。

農民的村莊被洪水沖沒，在滾滾洪濤中，他只救出了他的妻子，而孩子和母親都被水沖得不見蹤影。

事後，周遭的人七嘴八舌，有的說救對了，有的說救錯了，有人說該救母親，而有人卻堅持應該救孩子才正確。

哲學家問農民當時究竟是怎麼想的。農民歎了一口氣說：「當時，我什麼也沒想。洪水來的時候，妻子正在我身邊，我連忙抓住她就往高處游。當我要回頭再救母親和孩子時，他們都被沖走了。」

或許，這個問題根本不會有所謂的正確答案。

就像農民所說，在事情發生當時，根本無法多想誰最重要這個問題，因爲三個人都很重要。如果可以的話，他會希望三個人都存活，不會因爲失去任何一個而有遺憾。但是，在當時的狀況，他只能選擇自己救得到的，至少他可以欣慰還救到了一人。

管理大師杜拉克曾說：「遭逢變局時，我們必須要以謹慎、一致、誠實的態度來處理基本問題，並且要一直保持這種態度。」

或許問題的重點並非在於究竟該救誰才對，而是我們在面對生命中難以抉擇的問題的時候，是否能臨危不亂、果斷明快，不會因爲猶豫不決而失去了先機。

每一件事都有其代價，當你要做決定之前，不妨先想想自己可能需要付出些什麼代價，因爲最後你一定要爲自己的選擇付出代價，不論這個代價你是否承受得起。

如果能眞正體會出「自己一定得付出代價」的道理，相信也就能平心靜氣地處理種種生活上的難題了。

重視小處，就可以明瞭整個態勢

唯有將各種相關的資訊全部收集起來，才能針對自己的優勢和對方的弱點安排出有效的戰略，順利的話還可以「以小搏大」，以最經濟的方式達到目的。

所謂「知己知彼，百戰百勝」，唯有全盤了解狀況，才有可能運籌帷幄，一舉成功。換句話說，也就是想要成功，情報工作一定要做得好。

美國雪佛隆公司是一家專門生產飲料的企業。爲了將產品打入亞歷桑那州土珊市，該公司事先委託亞歷桑那大學人類學教授威廉．雷茲對土珊市的飲料市場進行研究。

一年之後，威廉．雷茲教授指著一大堆垃圾，對雪佛隆公司的老闆說：「垃圾袋絕不會說謊和弄虛作假，什麼樣的人就丟什麼樣的垃圾，想了解消費者的消費模式和習慣，查看他們所丟棄的垃圾，無疑是最有效的調查研究方法。」

他按照垃圾原產品的分類、名稱、重量、數量、包裝，對土珊市進行研究，很快地便分析出有關當地食品消費情況。

他做了這樣的結論：

一、勞動階層所喝的進口啤酒，比收入較高的白領階層多。

二、中等階層人士比其他階層浪費的食物更多，依照垃圾的分類重量計算，在他們丟棄的食物中，有百分之十五是還可以吃的食品，但因爲夫妻都要上班，而且生活太匆忙了，以致沒有時間處理剩餘的食物。

三、透過對垃圾內容的分析，得知減肥清涼飲料與壓榨的橘子汁，屬於高層收入人士的嗜好消費品。

雪佛隆公司的老闆把這分報告當做教科書，並且依據威廉．雷茲教授的調查結果擬定飲料的產銷戰略，果然一擊奏效，成功地打入土珊市的飲料市場。

米開朗基羅曾說：「把所有的細節加起來，就變得更完美了。」

有時候重視小處，就可以明瞭整個態勢。所謂「凡走過必留下痕跡」，就是威廉·雷茲調查研究消費習慣的主要出發點，因爲人們所製造出來的垃圾，就是人類生活的軌跡，吃什麼、用什麼一覽無疑。

所以，從垃圾堆的分析中，就可以看出這個地區的人們主要的生活模式和消費習慣。而掌握了這些訊息，就可以從中看出他們的喜惡，甚至是對商品的態度與期望，進而擬定出一套「投其所好」的產銷策略，才有機會一戰成功。

一旦做足了萬全的準備，便能夠從容應戰。蒐集情報的工作不可馬虎，因爲這項工作攸關著成敗。唯有將各種相關的資訊全部收集起來，才能針對自己的優勢和對方的弱點擬定出有效的戰略，順利的話還可以「以小搏大」，以最經濟的方式，達到自己想要的目的。

大膽假設，就能創造特色

大膽地做不同的假設，勇敢地嘗試新方法，營造對方的需求，突顯特色與附加價值，自然就增添了不少的吸引力，成功的機率也就更大了。

賣東西要有技巧的，不但要賣得好，更要讓人買得高興，才是雙贏的成功銷售，也才是永續經營的不二法門。

有一家大公司，高薪招聘營銷主管，一時間報名者雲集。

面對眾多應徵者，負責招聘主管的人說：「相馬不如賽馬，爲了能選拔出高素質的營銷人員，我們出一道實踐性的試題，就是以十日爲限，想辦法把木梳賣給和尚，賣得最多的人入選。」

出家人剃度爲僧，一根頭髮也沒有，要木梳有何用處？出這種題目，豈不是精神錯亂，拿人開玩笑？

沒多久，應徵的人接連拂袖而去，幾乎散盡，最後只剩下三個人：小伊、小石和小錢。

十日期限到了，負責人問小伊：「賣出多少？」

小伊回答：「一把。」

「怎麼賣的？」

小伊便滔滔講述他歷盡千辛萬苦，以及受到衆和尚責罵和追打的委屈。接著說，幸好在下山途中，遇到一個小和尚一邊曬著太陽，一邊使勁搔著又髒又厚的頭皮。他靈機一動，趕忙遞上了木梳，小和尚用了之後滿心歡喜，於是買下一把。

負責人又問小石：「賣出多少？」

小石回答：「十把。」

「怎麼賣的？」

小石說他去了一座名山古剎，由於山高風大，香客的頭髮都被吹亂了。他見狀，於是找到了寺院的住持說：「蓬頭垢面是對佛祖、菩薩不敬，應該在香案前放把木梳，供善男信女梳理鬃髮。」

住持採納了小石的建議。附近山裡共有十座廟，於是小石用同樣的說詞，推銷了十把木梳。

負責人又問小錢：「賣出多少？」

小錢回答：「一千把。」

負責人不禁驚問：「怎麼賣的？」

小錢說他到一個頗具盛名、香火極旺的深山寶剎，見到朝聖者如雲，信眾絡繹不絕，便對住持說：「凡是來進香朝拜的人，都有一顆虔誠之心，貴寶剎應有所回贈，以做紀念，保佑信眾平安吉祥，鼓勵他們多做善事。我有一批木梳，寫上『積善梳』三個字，便可當做贈品。」

住持聽了大喜，立即買下一千把木梳，並請小錢住下，共同出席了首次贈送

「積善梳」的儀式。

得到「積善梳」的信眾與香客相當高興，一傳十、十傳百，朝聖者更多，香火也更旺。住持還希望小錢再多賣一些不同的木梳，以便贈給各種類型的信眾與香客。

做生意確實是一門大學問，想要完成不可能的任務和交易，更要有超越他人的本事。

故事中的小伊執著於銷售的對象，所以只賣出一把梳子，最後產品還失去了原本的功用。這在銷售上其實是失敗的，因爲使用者不會再繼續光顧，只能做一次的銷售。

小石進一步地擴張銷售方向，並強化了產品的特質，只是客群實屬小衆，還是感受不出需求。

至於小錢則是大大地推廣，尋找出所有的隱藏顧客，同時創造出顧客的需求，營造出一種流行，只是加上小小的變化，就使得商品的價值大大提昇，無疑是成功的銷售實例。

拘泥於固定的想法，就會讓自己的行動受限，當然也就難以開創新局。倒不如大膽地做不同的假設，勇敢地嘗試新方法，營造對方的需求，突顯產品的特色與附加價值，自然就增添了不少的吸引力，成功的機率也就更大了。

因材施教，營造學習的動力

我們所做的每一個決定，都會影響到別人，廣義地說，甚至會影響到世界。只是一個做法的調整，就改變了一個孩子的未來。

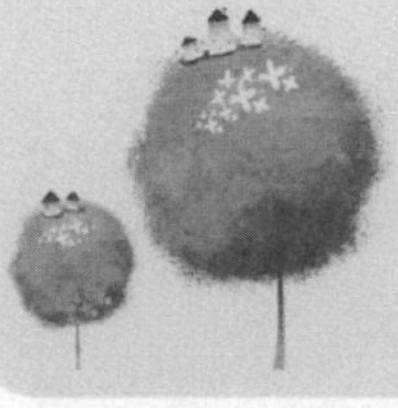

在求學的路上，很多人會因一時摸不著頭緒，於是對於課堂上的知識消化不良，長久下來，成爲標準差以下的學生。

一旦發生了這樣的景況，便是一個孩子面臨人生殘酷的開始，如果沒有人及時拉他一把，將會使一個掉落無助深淵的人就此沉溺。

有一名小學生，在課堂上老師提問的時候，總是會舉手，但是當老師叫到他的名字，要求他答問時，卻總是答不上來，引得全班同學大笑不已，場面尷尬至極。

有天下課後，老師把他叫來，問他爲什麼要這樣。他囁嚅了一陣才說，如果老師提問時他不舉手，同學會在下課的時候嘲笑他是傻瓜。

看著他泛紅的眼光，老師和他約定，下次上課的時候，當他眞會的時候就高高地舉起左手，而不會的時候就舉起右手。這樣一來，老師就可以決定要不要叫他的名字。

神奇的是，隨著時間過去，漸漸地，他越來越常驕傲地舉起他的左手，當老師讓他回答問題的時候，他也越來越從容、越來越有自信。

於是，這個原本極有可能在嘲笑中沉淪的孩子，後來脫胎換骨，成了一名優秀的學生。

我們所做的每一個決定，都可能會影響到別人，廣義地說，甚至會影響到世界。就像故事中的那位老師，只是一個做法的調整，就改變了一個孩子的未來。

當嘲笑的眼神轉變成欣羨的神情，在男孩心中的感受已有了極大的不同，隨著對自己的表現滿意，增加了自信，也對課堂上的內容產生興趣。爲了要能順利地答出老師的提問，課前就必須多加準備，上課中便得認眞聽講，而課後更要詳加複習，能這麼做的話，成績如何能不進步？

關心與鼓勵，是每一位師長的責任，如果我們期望孩子能在學業和品德上有所表現，我們便有責任爲他們安排安心的學習環境，使他們能夠自主學習。

教育的目標，或許相同，但是教學的方法卻沒有固定的模式。

這並不表示師長必須去討好學生，而是我們必須去思索、去觀察每個孩子的個別差異，因材施教，以使每個孩子能夠眞正從中得到收穫。

7. PART

把優點放在別人看得到的地方

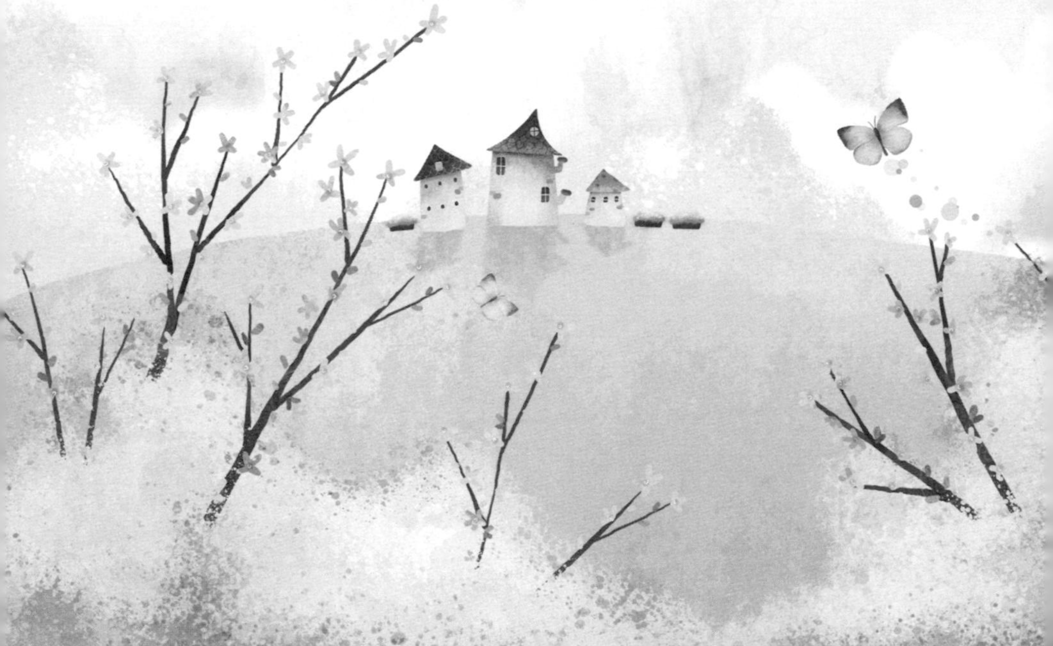

如果不能把自己的優點放在別人看得見的地方，
那麼就很難會有出線的機會，
因為，沒有做事的機會，又哪來成功的機會呢？

讓自己維持進步的走勢

讓自己維持在進步與向上攀升的走勢上，自然能夠沉浸在積極的氛圍之中，享受每一次成功的喜悅，進而激勵出下一次的成功。

在求學的時期裡，通常有兩種人可以有機會拿到獎狀，一種是在各種領域中名列前茅，勇奪前三名；另一種則是在每次競賽中比較起來進步最多的人，這個獎稱爲「進步獎」。

雖然不是第一名，也不是優勝者，但競爭對象是自己，只要戰勝過去的自己，每個人都可以拿到「進步獎」。

撐竿跳高名將布勃卡曾有個綽號，叫做「一厘米王」，因爲他連續在好幾場重大比賽中，幾乎次次都刷新自己保持的紀錄，儘管每次都僅僅提高一厘米。巴塞隆納奧運會舉辦之前，有人披露，布勃卡其實在平常訓練時，經常可以跳出絕佳的成績，但奇怪的是，他在正式比賽中從不拿出眞本事，而是一厘米一厘米地提高自己的紀錄。

後來大家才發現，這是因爲他與贊助人和運動會組織者有約，每破一次紀錄可得到七十五萬美元的獎金。難怪他曾意味深遠地說道：「大幅度提高成績是不明智的。」

布勃卡運用自己的做法，在撐竿跳的領域之中稱雄多年。當然，他的實力並不是蓋的，他是眞的能跳得比別人高，若能永遠當第一名，當然好過於只領一次進步獎。

布勃卡的方法，聽起來很卑鄙，但是，仔細想想，也不全然如此。因爲，他一旦用盡全力，求得了最好的成績，接下來卻容易陷入瓶頸，也很難再有突破。他或許仍然可以領先群雄，但是終究贏不了自己，倘若落入了退步與失敗的情緒之中，對於下一次競賽的影響，不可說不大。

在每一次的比賽中，不但要保持自己原來的水準，更要不斷進步，其實要有難能可貴的毅力才能做得到。有了每一次的進步，心裡會生出另一股向前推進的力量，所以能不斷地超越自己，刷新紀錄。

這可以說是另類的自我鞭策法。

不要一次將目標訂得太遠，也不要一次就將力量全部用盡，而要保持自己的節奏與速度。

讓自己維持在進步與向上攀升的走勢上，自然能夠沉浸在積極的氛圍之中，享受每一次成功的喜悅，進而激勵出下一次的成功。

閃避迎面而來的攻擊

不動聲色地沉著應對，看清楚對手攻來的方向，看明白對手所持的武器，再伺機反擊。萬一不幸避之不及，最好先求保命，反正君子報仇，三年不晚嘛！

批評，其實是一種進步的動力，唯有透過別人的眼睛，才能檢視出自己的盲點，然後修正錯誤，重新整裝出發。

不可諱言的是，別人的批評一定帶有主觀的意見，難免會有偏激或謾罵的言論出現，這種情形特別容易發生在高層領導者的身上。因爲，高層領導者所做的決策，影響到的人數越多，對於每一個個體的需求與照顧也越難周全，當然，所遭遇到的批評與攻訐，也比旁人更多。

那麼，當我們不可避免要遭遇批評時，我們該如何自處呢？

或許，可以聽聽美國總統傑弗遜的答案。

有一次，德國科學家巴倫前來白宮，拜訪美國總統傑佛遜時，不經意間在總統的書房裡看到一張報紙，細讀之下，發現上面的評論，全是辱罵總統的攻擊之辭。

巴倫氣不過，抓起報紙憤憤地說：「你爲什麼要讓這些謠言氾濫？爲什麼不處罰這家報社？至少也該重罰編輯，把這個不尊重別人的傢伙丟進監獄。」

面對眼前氣得頭髮快要冒煙的巴倫，傑弗遜卻微笑著回答說：「把報紙裝到你的口袋裡，巴倫。如果有人對我們實現民主和尊重新聞自由有所懷疑的話，你可以拿出這張報紙，並告訴他們你是在哪裡見到的。」

新聞媒體的負面評論，當然一定會帶來相當大的影響，但是並非全世界的人都相信該媒體的說法。

如果傑弗遜如同巴倫一般惱羞成怒，甚至利用自己的權勢對該媒體進行施壓、報復，不就反而讓人以爲他是心中有愧，被人刺中痛處，才有此舉動？

想要終結毀謗，最好的方式就是不去辯解，讓謠言不攻自破。

身處越高層的人，所得到的掌聲與注目越多，相對的所受到的攻擊也會與日俱增，誰教你目標顯著？

正所謂「譽之所至，謗必隨之」，敵人一定會從你的弱點不斷地攻來，能否坦然處之，不正中敵人下懷，就得看你如何運用智慧去化解危機。

有些事越澄清越模糊，越解釋越讓人覺得可能還有所隱瞞，反而對自己不利，麻煩揮之不去。

不如不動聲色地沉著應對，看清楚對手攻來的方向，看明白對手所持的武器，先側身避開要害，然後再伺機反擊，以子之矛攻子之盾，才能制伏敵人。

萬一不幸避之不及，最好先求保命，反正君子報仇，三年不晚嘛！

只是倒楣，還算幸運

凡事多看積極面，對於自己的情緒會有很大的激勵效果，心情好轉了，看待事物就不那麼灰暗，不知不覺人也跟著亮起來。

人生不如意十之八九，總是沒有事事順利的。有些時候，甚至覺得爲什麼霉運不斷，好像什麼衰事都迎面而來，眞的是福無雙至，禍不單行。

然而，只要在心態上略作調適，告訴自己，只不過是倒楣而已，其實還算幸運。或許心裡的感覺會好許多。

有一次，曾任美國第三十二任總統的富蘭克林，羅斯福家中遭了小偷，財物損失相當嚴重。

他的一位朋友知道這件事以後，便寫信來安慰他。

當下，羅斯福回了一封信給朋友：「親愛的好友，謝謝你特地來信安慰我，託你的福，我現在很平安，更感謝上帝，因爲：第一，賊偷去的只是我的財物，而沒有傷害我的生命；第二，賊只偷去我的部分東西，而不是全部；第三，最值得慶幸的是，做賊的是他，而不是我。」

在我們受到的委屈的時候，總不免會心生抱怨，甚至怨天尤人，埋怨自己爲什麼會遭受到這樣的不幸。

但是，有些時候不妨反向來思考，我們其實只不過損失了部分，卻保留住更多的幸福呢！

正如羅斯福信中所寫的：失去的是東西、保留的是生命。試問兩者相較下，何者對你而言是最重要的呢？

答案應當很明顯吧！畢竟唯有擁有生命，才有機會去享受一切呀！

所以，凡事多看積極面，對於自己的情緒會有很大的激勵效果。心情好轉了，看待事物就不那麼灰暗，不知不覺人也跟著亮起來，好的事物與善的事物必定會接踵而來。

至於倒楣的事，就拋向腦後吧，即使發霉了，也不干你的事。

不要把方法想得太複雜

當我們能主動正視困難、面對問題時，也許就會發現事情並非我們想像的那樣麻煩。

我們不能期望一生順遂，半點阻礙都沒有，因爲人生中最大的阻礙可能就是我們自己，若不能破除心魔，當然沒有辦法前進。

只要讓自己做好萬全的準備，就不怕任何迎面而來的困難。當我們能主動正視困難、面對問題時，也許就會發現，事情並非我們想像的那樣麻煩。

有個名叫瓊斯的新聞記者，剛剛踏入這個行業時，不但個性內向而且極爲羞怯怕生，這樣的性格在新聞界裡是相當吃虧的。

有一天，他的上司把他叫進辦公室，命他去訪問大法官布蘭代斯。瓊斯大吃一驚，不禁說道：「我怎麼可能要求單獨訪問他？布蘭代斯又不認識我，他怎麼肯接見我？」

但上司絲毫不聽他的理由，只要他在期限內完成任務。

他回到自己的座位上皺著眉頭發愁，一位記者同事聽了他的煩惱，二話不說，立刻拿起電話打到布蘭代斯的辦公室，法官的秘書接了電話。

他說：「我是明星報的瓊斯，你好，我奉命訪問法官，不知道他今天能否接見我幾分鐘？」

當他聽完對方答話，然後說：「謝謝你，一點十五分，我準時到。」他把電話放下，對著驚訝得目瞪口呆的瓊斯說：「你的約會安排好了，其實沒那麼困難，不是嗎？」

事隔多年，瓊斯回憶說：「從那個時候起，我學會了單刀直入，儘管做起來不易，但卻極有效用。一旦克服了心中的畏怯，下次就比較容易一點。」

每個人都一定能分辨得出「積極」與「消極」的不同，但是卻很少人能強迫自己少去想消極的事，而多多培養積極的行動。唯有行動才能知道結果，唯有行動才能得出成果。就如同故事中的瓊斯，如果不是同事幫他打了那通電話，他就不會明白事情原來並沒有想像中那麼困難。

所以，積極去嘗試，不要怕遭受拒絕；被拒絕了，換個方式再試一次，也不無不可。只要樂觀，終究有成功的一天。

知名導演珍康萍說過：「重要的不是成功，而是勇於嘗試。」

有許多人把行動的方法想得太複雜，於是常常裹足不前，最後才怨嘆自己錯失良機，實在不值得同情。

就像瓊斯所說的「單刀直入」，一旦看準目標，就要把握時機立刻出手，萬一沒能一刀砍中，那麼抽刀再刺，最後總能擊中目標的。

鼓勵你深愛的人，感謝支持你的人

不要忘了給我們深愛的人多一點鼓勵，也不要忘了謝謝曾在我們生命中給支持的人，在施與得之間，流動的是彼此真摯的感情，是啟動希望的樞鈕。

法國作家巴爾札曾寫過一段鏗鏘有力的話語：「不幸，是天才的晉身之階，信徒的洗禮之水，能人的無價之寶，弱者的無底之淵。」

人的一生當中，可能會遇到各式各樣的困難和挫折，想要讓生命昇華，就必須面對這些困難和挫折，因爲它們是人生必經之路。不管是你自己，還是身邊的人遭遇困難、挫折，都要試著加以鼓勵。

許多有成就的人，成功的背後往往都有著守候他、支持他的人。

人在面臨抉擇或遭受挫折時，心靈上的感受特別脆弱，無論是親人或朋友，甚至是萍水相逢的陌生人，若能適時地提供鼓勵或意見，說不定就可以改變一個人的一生。

美國大文豪霍桑在成名之前是個海關的小職員，生活雖然還算得上穩定，但是，對於寫作的理想與熱情卻苦無機會可以實現。

有一天，他垂頭喪氣地回家對太太說自己被炒魷魚了。可是，他的太太蘇非亞聽了之後，不但沒有懊惱的表情，反而興奮地叫了起來：「這樣，你不就可以專心寫書了嗎？」

「是呀！」霍桑一臉苦笑地答道：「但是，光寫書不幹活，我們要靠什麼吃飯呢？」

蘇非亞沒有說話，只是打開抽屜，拿出一疊看起來爲數不少的鈔票。

「這錢從哪裡來的？」霍桑忍不住張大了嘴，吃驚地問。

「我一直相信你有寫作的才華，」蘇菲亞說：「我一直相信，總有一天你一定會寫出一部舉世聞名的作品，所以，我每個星期把家用一點一點省下來，現在這些錢足夠我們生活一年了。」

因爲有了太太在精神與經濟上的支持，霍桑最後果眞完成了美國文學史上的巨著——《紅字》。

失意的時候，就好比在茫茫大海中漂流的船隻，如果沒有找到指引方向的明燈，或許就這麼迷失了，陷入了絕境。

一個人的才華沒有辦法得到發揮，當然就沒有任何價值可言，猶如被當成驢子拉車的千里馬，即使能跑得再快，也仍然只是一隻「不適任的驢子」。但是，一旦有人從中給予支持與鼓勵，就好像千里馬的眼前出現了伯樂的身影，生命出現了一線曙光。

就拿霍桑來說，如果沒有妻子的鼓勵與全力的支持，或許他會在意志消沉一番後，再隨便找一分別的差事，臣服在生活的壓力之下，也許美國文學史上就不會有這樣的大文豪出現了。

蘇菲亞深愛著自己的丈夫，始終將霍桑心中的理想與願望放在心上。她十分明白，唯有將所有的退路都安排好，讓霍桑沒有後顧之憂，他才有不斷前進的力量。

這一分愛，支持了霍桑更加賣力地朝著自己的夢想前進，也使得夫妻兩人的夢想都有機會成眞。

不要忘了給我們深愛的人多一點鼓勵，也不要忘了謝謝曾在我們生命中給過支持的人。在施與得之間，流動的是彼此眞摯的感情，是啓動希望的樞紐。

把優點放在別人看得到的地方

如果不能把自己的優點放在別人看得見的地方，那麼就很難會有出線的機會，因為，沒有做事的機會，又哪來成功的機會呢？

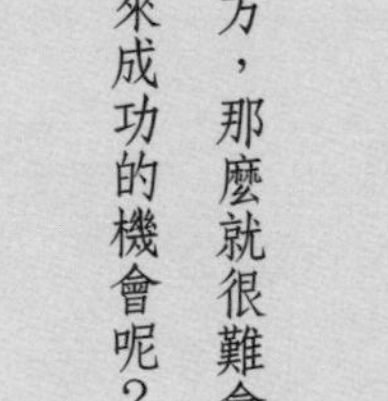

怎麼樣才能成功？怎麼樣才能得到別人的賞識？
怎麼樣才能在同儕之間拔得頭籌？
怎麼樣才能在眾多競爭者之中嶄露頭角？
或許你可以聽聽阿基勃特的故事。

從前，在美國石油業獨占龍頭地位的標準石油公司裡，有一位小職員名叫阿基勃特。他出差遠行，住宿旅館的時候，總是在自己簽名的下方，寫上「每桶四美元的標準石油」字樣。不只如此，連書信及收據上也不例外，只要簽了名，就一定在底下寫上那幾個字。

他還因此被同事取笑，替他取了個外號叫做「每桶四美元」，真名反倒沒有人叫了。

當公司董事長洛克菲勒知道這件事後，說道：「想不到公司裡竟有這麼位職員，這麼努力地宣揚公司的聲譽，我要見見他。」於是，命人邀請阿基勃特前來共進晚餐。

後來，洛克菲勒卸任了，阿基勃特繼位就任，成了標準石油公司的第二任董事長。

這是一件誰都可以做到的事，可是只有阿基勃特一個人去做了，而且堅定不移，樂此不疲。當初嘲笑他的人之中，肯定有不少人的才華、能力都在他之上，可是最後，只有他當上董事長。

有才能的人，如果只知道守在自己的小天地裡默默的做事，老是不欲人知，那麼，別人永遠看不到你，再辛苦也沒有用。

想要引人注目，方法其實不難，只要出奇制勝就行了。

就像故事中的阿基勃特，他只不過在每次簽名的時候多花了幾秒鐘，就得到了大老闆的注意，有機會將自己的理想與抱負完整地提出來，才能得到後來的成功。

也就是說，如果不能把自己的優點放在別人看得見的地方，那麼就很難會有出線的機會，因爲，沒有做事的機會，又哪來成功的機會呢？

所以，把握眼前的每一個機會，如果機會不來，就自己去製造一個機會，只要能進了門，就看個人的修行造化了。

當然，製造機會的手法絕對不能造作，只要與衆不同就好了，說不定舉手之勞的努力反而可以一擊中的，成功的機會就在眼前了。

先耐心瀏覽一遍再說

時間不夠，速度再快也完成不了，倒不如先綜觀全局，看看有什麼可以先著手的，才不致於被不重要的事情給牽絆了手腳，最後一事無成。

「急」與「忙」是現代人的通病，凡事講求速度、效率。

可是，急躁與匆忙的結果，往往就是粗心大意和意外疏失，有時候反而得不償失。

與其莽撞、草率，還不如先緩下自己的腳步，將大局總覽一番，然後擬定對策，再心無旁鶩、按部就班地去進行，省去不必要的過程，說不定能更快收得預定的成效。

有一家知名的大企業打算招募一批新職員，消息傳出，許多人躍躍欲試，紛紛前來參加應試，希望獲得一展長才的機會。

有一群年輕人一路過關斬將，經過了多次篩選，終於要面臨最後的考驗。只要誰通過了，便可進入這家著名的大企業工作。

這是一項計時十分鐘的測驗，當試卷發下來之後，每個人都愣住了，六大張的試題卷，洋洋灑灑地一共列了三十道題，試題的範圍既寬且廣，光寫一題就得花上不少時間。

這完全出乎大家意料，不禁認爲十分鐘委實太倉促了。

於是，許多人一拿到試卷，便半秒也不肯耽擱地慌忙搶答，全然不顧監考官「請大家先將試卷瀏覽一遍再答題」的忠告。

試卷在十分鐘後悉數收齊，交由總經理親自批閱，不久，總經理從中挑出六分試卷。

相較起其他的試卷，這六分試卷並非答得最好，因爲都僅僅回答了最後兩個問題，至於其他試卷，都做了前面不少題目，最多的還做了十二題。然而，公司最後錄用的，竟然是那六個僅答了最後兩道題的年輕人。

原來，秘密就藏在第二十八道題的題目之中，因爲在題目最後寫道：前面各題均無須回答，只要做好最後兩題即可。

什麼才是面對事情的最好方法，並沒有標準答案，因爲這牽涉一個人的性格、處事態度與應變能力，不過，我們仍舊能透過模擬各種狀況，讓自己更沉著，更機智。

當時間不夠，速度再快也完成不了的時候，倒不如先綜觀全局，看看有什麼可以先著手的，才不致於被不重要的事情牽絆了手腳，最後一事無成。

那六名年輕人得以雀屏中選的原因在於，他們能先冷靜地觀察，再合理地分配答題時間，而不被時間追得心慌，大亂陣腳。

其實，測驗開始之前，監考官就給了足夠的暗示，其他應試者因爲被自己「時間不夠」的先入爲主觀念束縛住了，心慌意亂之餘喪失了良機，自然怨不得他人。

做事最怕自我設限，「某某事我一定做不到」……等等的想法，是對處事熱忱的一大打擊，還沒出征就率先投降了，當然什麼戰爭都打不贏。

唯有抱定信心、冷靜應對，否則難有成功的機會。

盡全力追求自己的幸福

先為自己期望的幸福人生下個定義吧！然後，放手一搏，全力追求，那麼，在接近自己目標的同時，你也會開展視野，看見另一番風景。

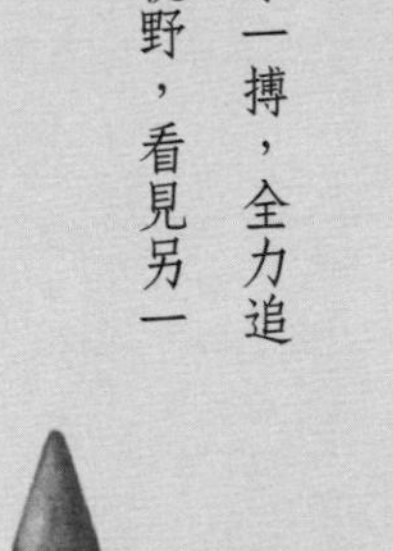

我們渴望得到幸福美滿的生活，我們期望能不虞匱乏地擁有華屋、美服、高尚且受人尊敬的工作、令人稱羨的另一半……

夢想是美麗的，但也是空幻的，可是卻能推動人們不斷前進，爲了滿足自己對幸福的期望，願意不斷努力，以期更加接近理想的目標。

減肥是令許多人想做卻很難實現的難事，更是胖子們的大難題。有一家減肥健美俱樂部因爲效果顯著而頗負盛名。

一天，一位胖男子慕名而來，由於他已經有過多次失敗的經歷了，於是抱著姑且一試的態度問教練到底該怎麼辦。

教練只記下了他的地址，然後告訴他：「回家等候通知，明天自然會有人告訴你該怎麼做。」

第二天一早，門鈴響了，一位漂亮性感的妙齡女郎站在門口，對這位胖男子說：「教練吩咐，你要是能追到我，我就是你的。」

胖男子一聽大喜，從此每天早晨女郎從他家門前經過之時，他都在女郎後面狂追。

如此數月下來，胖男子的身手逐漸矯健起來，早忘了這是爲了減肥，只是一心想著，總有一天一定要把那位美麗的姑娘追到手。

有一天，胖男子心想：「今天我一定能追到她了。」於是，早早便起來在門口等著。

可是，那位姑娘沒來，來的是一位和他以前一樣胖的女士。

胖女士對他說：「教練吩咐，我要能追到你，你就是我的。」

即使現在男子的身材已不同以往，他每天還是得跑，而且得更加賣力地跑，除非他打算很快就被胖女士追到。

人對某個目標有相當程度的慾望的時候，才可能產生所謂的動力，使目標加速達成，這是一種引力。

人面對自己排斥的事物的時候，同樣也會以相同的速度逃離，這無疑就是一種抗力了。

故事中的教練成功地掌握了人們在面對心儀的對象時，會特別重視自己身材條件的心理，也善用了人們對慾望追求的動機；因爲心之所向，便不覺辛苦了，跑起來還更有一種追求幸福的錯覺。

拿破崙曾經說過：「只要腦袋可以想像的，只要心所相信的，就一定會實現。」

人的每一個行動，都來自他的想法。所以，不要放棄自己對於幸福的想望，不論目標多麼遙遠，過程多麼困難辛苦，當你用盡全力行動的時候，希望總有實現的機會。

如果你不知道該從什麼地方出發，或許也可以先想想自己不要什麼，說不定方法很快就會出現。

總之，先爲自己期望的幸福人生下個定義吧！然後，放手一搏，全力追求，那麼，在接近自己目標的同時，你也會開展視野，看見另一番風景。

8.

PART

心態決定你的未來

對於每日應做的工作，
若能花費心思深入地去瞭解，
仔細覺察其中奧妙的部分，
說不定能因此產生興趣，
強化自己的能力與自信。

心態決定你的未來

對於每日應做的工作，若能花費心思深入地去瞭解，仔細覺察其中奧妙的部分，說不定能因此產生興趣，強化自己的能力與自信。

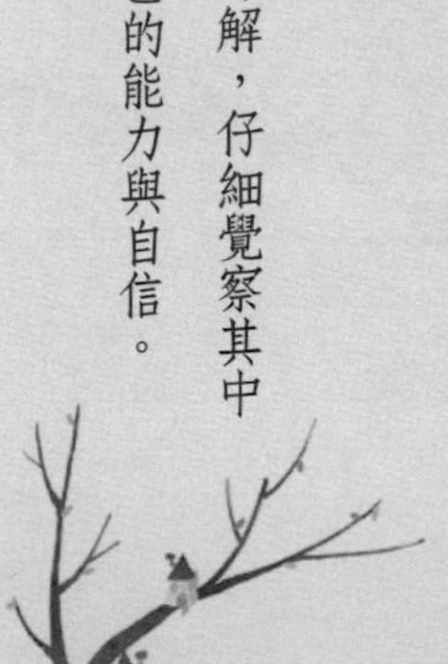

工作可以是工作，可以養家活口，可以飽暖度日，可以打發時間。

但是，工作也可以不只是工作，可以培養興趣，可以贏取榮譽，也可以追求夢想。

心態決定著一切，當然也決定著自己的未來。

有三名工人一同在砌一堵牆。有人走過來問：「你們在幹什麼？」

第一個人沒好氣地說：「你沒看見嗎？砌牆。」

第二個人抬頭笑了笑，說：「我們在蓋一幢高樓。」

第三個人邊幹邊哼著歌曲，他的笑容很燦爛很開心：「我們正在建設一個新城市。」

十年後，第一個人在另一個工地上砌牆；第二個人坐在辦公室中畫設計圖，他成了工程師；第三個人，則是前兩個人的老闆。

第一個人對於自己從事的工作，是一種看不起的態度，連他自己都以鄙夷的眼光來看待自己，如何能贏得別人的尊重呢？

或許，他只是爲了生活而不得不做這分工作，但是，他不曾投入其他的心力，注定了這分工作不會有其他的發展。

如果，這分工作出現了更大的挑戰，相信也不可能交由他來負責，因爲他唯一會做的，僅僅限於砌牆。

第二個人和第三個人對自己的工作則有極大的期許和認同，也因爲如此，他們願意在工作之中尋找樂趣，尋找興趣、尋找可能的機會，也才有可能獲得不一樣的發展，而不會始終在原地踏步。

每一個領域都有著不同的可能性，有些商機和發展或許在現在看來仍是隱晦不明，但是在有心人的努力之下，終究會漸漸崢嶸乍現，進而成爲領導世界的先趨。

所以，對於每日應做的工作，若能花費心思深入地去瞭解，仔細覺察其中奧妙的部分，說不定能因此產生興趣，在知識累積的過程中，強化自己的能力與自信，更有信心面對一切危難與挑戰，也更有機會往前邁進一大步，成功的目標也就一步一步地靠近了。

問題很困難，答案很簡單

有時，複雜的不是問題本身，而是看問題的眼睛。解決問題的重點就在於你如何看待問題。

天下無難事，只要不劃地自限、預設立場，更不要把問題複雜化，任何問題只要抓住了癥結，就能順利地迎刃而解。

人類是懂得思考的動物，思考帶來了社會文明與科技的進步，但是很多人卻因爲思考得太多，偏離了問題的焦點，而在枝微末節裡掙脫不開，陷入了鑽牛角尖的迷障之中。

這種現象，特別容易發生在學識高超、歷練豐富的人身上，因爲，他們知道得太多，所以也常想得太多，忘記了事情的基本原理，把單純的問題複雜化了。

英國一家報社曾經舉辦了一次高額獎金的有獎徵答活動。這家報社所出的題目是：在一個充氣不足的熱氣球上，載著三位關係人類興亡的科學家，熱氣球即將墜毀，必須丟出一個人以減輕載重，到底應該丟哪個？

三個人之中，一位是環保專家，他的研究可拯救無數生命因環境污染而身陷死亡的厄運。一位是核子專家，他有能力防止全球爆發突發性的核子戰爭，使地球免遭毀滅。另一位是糧食專家，他能夠使不毛之地植生穀物，讓數以億計的人們脫離飢餓。

因爲獎金豐厚，寄來應答的信件當然如雪片一般。然而，最後鉅額獎金的得主卻是一個小男孩。

小男孩的答案是：把最胖的那個科學家丟出去。

有時，複雜的不是問題本身，而是看問題的眼睛。

一件事情的變項多，結局的變數當然也大，所以一般的人都會一項一項去檢驗，然而想要想得越周全，事情處理得就越不周全。

就像故事中所說的一樣，報社所提示的這三個人都很重要，但是三個人也都危在旦夕，如果三個人都活不下來，就算他們再優秀，也沒辦法爲人類貢獻心力。

所以，還不如像小男孩說的，把最胖的那一個丟出去，至少還有兩個人可以造福人類。

遭遇到難題的時候，不要一下子就放棄希望，如果自己知曉的十八般武藝全要上一遍，結果還是不能奏效，那麼不妨從基礎篇開始。從最根本的源頭查起，說不定反而能夠找到問題的癥結所在，再予以對症下藥，問題就能迎刃而解了。

沒錯，解決問題的重點就在於你如何看待問題。

嚴格禁止不如迂迴暗示

說明得越含糊，越能在聽者心裡勾勒出諸多的想像，所達到的效果也就越好。

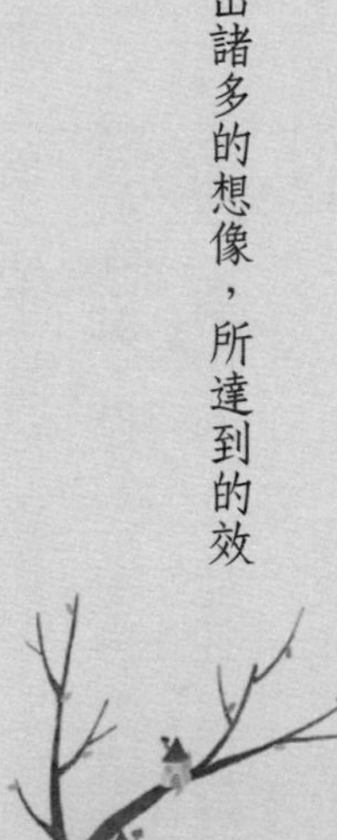

每個人都會設立某些規矩，在自己的範圍內也總是希望別人多少依著自己的規矩行事。

然而，人偏偏是最不守規矩的生物，一旦有人破了例，什麼規矩也管不了。所以有人打趣地說，規矩就是設來破壞的。

想要別人依著自己的規矩做事，首先，要讓規矩看起來不像規矩，就像接下來的這個例子一般。

法國著名女高音歌唱家瑪·迪梅普萊有一座美麗的私人林園。儘管，她已經標示這是私人林地，不希望未受邀請的人任意進入，但是每到周末，總會有人偷溜進她的林園摘花、拾蘑菇，有的甚至搭起帳篷，在草地上野營野餐，弄得林園一片狼藉，骯髒不堪。

迪梅普家的管家曾命人在林園四周圍上籬笆，並豎起「私人林園禁止入內」的木牌，但仍無濟於事，林園依然不斷遭踐踏、破壞。

於是，管家只得硬著頭皮向主人請示。迪梅普萊聽了管家的報告後，請管家做一些大牌子立在林園的各個路口，上面醒目地寫明：「如果在林中被毒蛇咬傷，最近的醫院距此十五公里，開車約半小時即可到達。」

從此，再也沒有人闖入她的林園。

有些人天生反骨，就喜歡和人唱反調，別人說東，他偏要說西；別人說不准進入，他偏要進去瞧瞧到底裡頭有些什麼不想讓人看的東西。

要對付這種人，硬碰硬絕對沒什麼好處，倒不如用迂迴的方法，反其道而行，讓他知難而退，省事又不費力。

就像瑪．迪梅普，她說一百句「請勿進入」、「禁止入內」也沒什麼用，那些人只要想得到就能溜得進來，倒不如警告他們裡面有毒蛇，而能急救的醫院遠在天邊，不怕死的就來吧！這種方法果然達到了極佳的效果，害怕毒蛇的人全不敢來了，即使他們不見得會碰上毒蛇。

說明得越含糊，越能在聽者心裡勾勒出諸多的想像，所達到的效果也就越好，比起惡行惡狀地厲聲指責、禁止，更能達到目的。

政府推動法令也是相同的道理。貿然頒行一道禁令，勢必會引起相關利益團體的反對，使得法令推行受到了阻礙，然而如果能在宣導的同時，分析施行法令對該團體的好處，及不施行時對全民有何壞處，說不定在輿論的推動之下，就能順利施行。與其強硬規定，還不如柔軟說服。

不要怕開口請人幫忙

我們常常為了自尊，為了怕麻煩別人，所以不敢開口相求，因為擔心受到拒絕，最後只好獨自暗吞失敗的痛苦，在沮喪無助的深水中忍受將要溺斃的痛苦。

做事的時候，我們常會有力不從心的感覺，明明自己已經用了所有的力量，卻始終無法將事情辦好，難免會感到無比灰心。

這時候，不妨開口找人幫忙。

不要不好意思，就是因爲自己的力量不足，才需要別人助上一臂之力。

星期六上午，一個小男孩在他的玩具沙箱裡玩耍。沙箱裡有他的玩具小汽車、敞篷貨車、塑膠水桶和一把閃亮的塑膠剷子。他在鬆軟的沙堆上修築公路和隧道時，發現沙箱中間埋著一塊巨大的岩石。

小男孩挖掘著岩石周圍的沙子，企圖把它從泥沙中挖出來。他手腳並用，似乎沒有費太大的力氣，岩石便被他連推帶滾地搬到沙箱邊緣。

不過，這時他才發現，他根本無法把岩石翻過沙箱邊牆。小男孩下定決心，手推、肩擠、左搖右晃，一次又一次地向岩石發起攻擊，可是，每當他剛剛有了一些進展的時候，岩石便滑落，重新掉進沙箱裡。

小男孩氣得直叫，拼出吃奶的力氣猛推猛擠。但是，岩石不斷地滾落回來，還砸傷了他的手指。最後，他不禁傷心地哭了起來。

這整個過程，男孩的父親從起居室的窗戶裡看得一清二楚。

當淚珠滾邊孩子的臉龐時，父親來到了他的跟前。父親的話溫和而堅定：「兒子，你爲什麼不用上所有的力量呢？」

垂頭喪氣的小男孩抽泣道：「但是我已經用盡全力了，爸爸，我已經盡力了！

我用盡了我所有的力量！」

「不對，兒子，」父親親切地糾正道：「你並沒有用盡你所有的力量，你沒有請求我的幫助。」

父親彎下腰，抱起岩石，將岩石搬出了沙箱。

一個人的力量當然是有限的，所以當自己實在無法解決的時候，別忘了要發出求救訊號，搜尋所有幫得上自己的人、事、物，或許事情就有機會迎刃而解。

小男孩覺得自己已經想盡了所有的辦法，用盡了所有的力氣，卻仍移不走沙坑裡的大石，因而心灰意冷、傷心落淚，悲傷自己沒有辦法成功。

然而，他卻忘了，在他有力氣哭泣的時候，其實他還有力氣可以呼救，他還可以請求幫忙，請求能力、力氣比他大的人伸出援手。

我們常常爲了自尊，爲了怕麻煩別人，所以不敢開口相求，因爲擔心受到拒絕，最後只好獨自暗吞失敗的痛苦，在沮喪無助的深水中忍受將要溺斃的痛苦。

其實，只要你伸出手，總會有人有能力出手拉你一把，救你脫出險境。如果你只是雙手抱胸、像刺蝟般蜷曲著身體，讓別人無門可入，當然不可能得到任何的援助。

當然，別忘了，自己也可以是別人的救生圈，千萬不要吝於幫助別人，讓這個循環圓滿的繼續下去。

用各種角度看待事物

我們最應該學習以多方面的角度來思考，而不單純的以一種方式來看待事物。

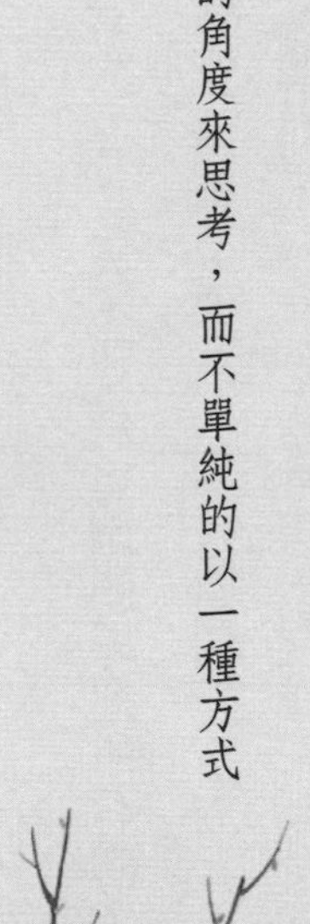

許多人在許多事物上都存有既定的看法，而在接受教育的過程當中，更容易被教導許多既定的觀念和想法。所以，當我們所受的教育多了，就越容易失去從其他方向思考的能力。

美國作家艾薩克．阿西莫夫的汽車修理師極愛說笑話，每次碰上了艾薩克就

愛聊上好半天。

有一次，他從引擎蓋下抬起頭來說：「博士，出個題目給你猜。有一個又聾又啞的人來到一家五金店買釘子，他把兩個手指頭並攏放在櫃台上，用另一隻手做了幾次錘擊動作，於是店員給他拿來一把鎚子。但他搖搖頭，指了指正在敲擊的那兩個手指頭，店員便給他拿來了釘子，他挑選出合適的就走了。那麼，博士，聽好了，接著進來一個瞎子，他要買剪刀，你猜他會怎樣表示的呢？」

艾薩克．阿西莫夫沒多想，立即舉起右手，用食指和中指做了幾次剪東西的動作。

修理師一看，不禁開心地哈哈大笑起來：「啊！你這個笨蛋。他當然是用嘴巴說要買剪刀呀。」

接著，修理師又頗爲得意地說：「今天，我用這個問題把所有的主顧都考了一下。」

「上當的人多嗎？」艾薩克急著問。

「不少。」他說：「但我事先就斷定你一定會上當。」

「那是爲什麼？」艾薩克不無詫異地問。

「因爲，你受的教育太多了，博士，從這一點上就可以知道你不會太聰明的。」

在這個知識掛帥的時代，受教育的多寡彷彿決定了一個人的智商高低、腦容量的多寡，但其實這是一種嚴重的謬誤。

怎麼說呢？

有許多人未曾接受過高等教育，卻能在生活之中習得了更多書本裡學不到的東西，領悟力比端坐在課室裡的學子來得好。如果在受教育時，沒有先學得了自由思考的能力，只是一味地把書本裡的東西往腦袋裡塞，最後成了只會掉書袋的書呆子，反而容易被人取笑。

汽車修理師的問題，你答得對嗎？

你的思緒與邏輯是否被既定的印象與答案給束縛住了呢？

其實，我們最應該學習以多方面的角度來思考，而不單單以一種方式來看待事物。

不要過度以自我爲中心，也不要輕信權威，應該有自己的主張，習慣針對事物本身去做多面向的考量。如此一來，處理事物時就能更加客觀，而不致於陷入舊有窠臼之中，或被假象蒙蔽了雙眼。

抱貴人大腿，斷小人後路

要贏棋不但要搭橋，還要防著別人拆橋，關鍵時刻還要學會拆別人的橋，這才能走得比別人快！

在工作場合，每個人都想官運亨通、青雲直上，而在工作的過程中，總有些人特別厲害，往上爬的速度比別人快上許多。他們並不見得工作能力特別優秀，但是他們的做法卻比別人有效。

湯姆的人緣很好，能力也不錯，卻總是升遷不順，幾個和他同時進公司的同事都當了重要幹部，他卻一直原地踏步。他自己也常常感到納悶：「有人跟主管關係不好，所以才一直不升反貶，而我跟主管的關係倒是不錯，怎麼也不見起什麼作用呢？」

一個星期天，他正煩著，見兒子和同學下跳棋，就湊過去解悶。只見兒子總是輸，於是他幫兒子出主意：「你不會給自己多搭幾座橋嗎？」

搭橋——是下跳棋的一種捷徑，每搭一座橋，就可以連跳好幾步，可說事半功倍。看見棋局大有起色，湯姆不禁得意洋洋，趁勢教導兒子說：「其實，生活就跟下棋一個道理，學會給自己多搭幾座橋，多尋求一些幫助和捷徑，路才會好走。」

兒子聽了連連點頭。但兒子的同學卻笑而不語，不過移動了兩個棋子兒，就把兒子剛設好的棋路堵死了。於是，棋局又一次急轉直下，兒子又輸了。

兒子的同學得意地說：「看到了吧！這就叫拆橋！橋搭得再好，碰上一個專門拆橋的，你就輸定了。所以，要贏棋不但要會搭橋，還要防著別人拆橋，關鍵時刻還要學會拆別人的橋，這才能走得比別人快呀！」

湯姆怔了一怔，終於恍然大悟。半年後，湯姆的升遷之途一路暢通，勢如破竹，無人能阻。

職場上貴人隨處都有，小人更是到處都是，如何在其中優游生存，可得備上幾把刷子才行。

就像故事中所說，要懂得架橋舖路，走起來才順，但這種方法你會，別人就不會嗎？所以，不但要先嚴防敵人拆橋，更要先發制人地拆掉對方的橋，才能把阻礙消除，加速自己前進的速度。

不但要眼明手快地抱住貴人大腿，更要當機立斷地斷小人後路，路程才會比別人順遂。當然，既然不顧情面地拆別人的橋，那麼，日後遭受報復自是在所難免，所以，要怎麼穩固自己的橋面，使自己立於不敗之地，就得好好地下一番功夫了。

換個角度就能遇見蘋果裡的星星

一個突發奇想的創意，一個偶然的靈光乍現，說不定就能夠改變歷史，即使不能至少也能豐富心靈的感動。

很多時候，我們會依循著流傳下來的道理，衆人認同的觀念。這種行爲模式，或許不致於出現什麼大差錯，但偶爾卻可能因而錯失了許多激發創意的好機會。

一天，五歲大的兒子從幼兒園回來，向父親報告幼兒園中的有趣的事物。只見他面露神秘的微笑，偷偷告訴父親，他有一個重大發現。

「什麼發現？」父親漫不經心地問。

「蘋果裡藏著一顆小星星。」

父親瞪大了眼睛：「怎麼會呢？」

兒子說：「不信你切蘋果就知道了。」

父親拿出蘋果和刀子，刷得一聲，切開了蘋果，問道：「星星在哪？」

兒子急得叫：「唉呀！你切錯了啦！這樣才對。」

兒子又拿出一個蘋果，打橫著放，要父親切開，父親狐疑地就著蘋果橫向攔腰切了下去。兒子把切開的蘋果放在父親面前：「爸爸，看，多漂亮的星星，送給你。」

父親呆了一呆，自己不知吃過了多少個蘋果，每一次都是「祖傳」的規規矩矩切法，從來都沒有想到另一種切法，當然也從沒有見到蘋果中美麗的星星。

我們常常會被傳統的教育影響，對許多事物都存著既定的印象，相信只有某些做法才是唯一而且正確的。但是，有時候一件事要是能夠從另一個角度去看、去觀察，即使有一樣的結果，卻可以得到不一樣的感受，這未嘗不是一件好事。

一個突發奇想的創意，一個偶然的靈光乍現，說不定就能夠改變歷史，即使不能，至少也能豐富心靈的感動。一個天馬行空的想法，說不定反而讓你體會出生命的驚奇。

不論是創作的題材、工作的妙方，抑或是生活上的好點子，都是活絡思想的助燃劑，足以激盪出一個不同的世界。

不要再讓自己僵化下去了，維護傳統或許是一件有意義的事，但如何從傳統之中發掘新意，則更有價值。如果冥頑不靈地任自己被舊有的模式束縛住，你就會錯過許多生命之中的美麗星星。

投資另一個希望

我們所獲得的有形財富，終究會以某種的形式失去，所以，何不將之投資在未來的希望上？

每個人在歷練人生的過程中，難免會有一些灰暗的不如意時期，如果有人及時伸出援手，適時地拉你一把，或許就有機會幫助你走出一條嶄新的道路。

受人點滴，理當泉湧以報，當生命中出現了貴人相助，或許最大的回報方式，就是爲他投資另一個希望。

據說，居里夫人在讀書時，生活過得極爲貧困。

後來，因爲她孜孜不倦地刻苦學習，得到了相當優異的成績，於是獲得波蘭「亞歷山大基金會」頒發六百盧布獎學金。有了這筆獎學金，她才得以在法國繼續深造。

四年後，居里夫人果然在研究鋼鐵的磁化技術方面有了極爲豐碩的成果，法國科學協會因此發給她一筆酬金。

儘管她當時生活仍然很貧困，但她除了從中拿出一小部分購置實驗儀器外，便把剩下的金額全部寄給了「亞歷山大基金會」。

她附上了一封信，信裡寫道：「我把你們的獎學金當做光榮的借款，因爲它幫助我獲得了初步榮譽。借款理應歸還，請把它發給另一個生活貧寒，而又立志爭取更大榮譽的波蘭青年。」

居里夫人知恩圖報的做法，相當令人感佩。儘管她自己的生活困苦，但卻以爲，若能以這一點點的酬金贊助，培育出另一位爲國家社會謀福利的有志青年，會比將這筆錢用來添置家具、裁製新裝或大吃一頓更有意義。

將美好的善意，以各種不同的形式傳遞出去，經過無數的循環與作用之後，最後受惠的，將是過程中的每一個人，甚至是無數的衆人。

我們要把投資放在希望上，而不僅僅是看重眼前的金錢獲得。唯有以明智的慧眼，看出什麼是眞正有希望的未來，我們的投資才能生生不息。

我們所獲得的有形財富，終究會以某種的形式失去，所以，何不將之投資在未來的希望上？

你眼中的小數，對於迫切需要的人來說，卻是難以計量的大數；或許這筆光榮的借款，將使他有機會走出陰霾，而一株小小的希望也將開始萌芽。

提防自己的長處

謹慎和小心，或許會拖慢了你的進度，但是也減少了你回頭和摔跤的次數，整體合計下來，其實不見得吃虧。

有位哲人說：「你自認為最強的地方，其實正是你最弱的地方。」

怎麼說呢？因爲你知道自己的弱點、罩門在哪兒，所以會處處小心，全力保護，嚴密的防守，以免給對手可趁之機，然而對於自己的長處，你不免會自恃自傲，因而鬆懈了警戒，反而容易被攻破。

三個旅行者同時住進一家旅店。早上出門時，一個旅行者帶了一把傘，一個拿了一根拐杖，第三個則兩手空空。

晚上歸來時，拿雨傘的人淋濕了衣服，拿拐杖的人跌得滿身泥巴，而空手的人卻什麼事都沒有。

前兩人都很奇怪，問第三人這是爲什麼。第三個旅行者不急著回答，反而問拿傘的人：「你爲什麼淋濕而沒有摔跤呢？」

「下雨的時候，我很高興自己有先見之明，撐開傘大膽地在雨中走，沒想到衣服還是濕了不少。遇上了泥濘難行的地方，因爲沒有拐杖，走起來小心翼翼，所以就沒有摔跤。」

再問拿拐杖的人，他回答說：「下雨的時候，沒有傘，我就挑能躲雨的地方走或停下來休息。遇上了泥濘難行的地方，我用拐杖拄著走，結果卻反而摔了跤。」

空手的旅行者聽了哈哈大笑，說：「下雨時我挑能躲雨的地方走，路不好時我細心走，所以我沒有淋著也沒有摔著，你們有憑藉的優勢，就不夠仔細小心，以爲有優勢就沒問題，所以反而有傘的淋濕了，有拐杖的摔了跤。」

佔到了優勢，當然算是成功了一半，至少比起別人多了幾分機會，但是，如果因此驕傲而失了防心，不就如龜兔賽跑中的兔子一般，仗勢著自己跑得快，就想先半途休息一下，結果反而讓烏龜得了先機，這無疑是最大的諷刺。

謹愼和小心，或許會拖慢了你的進度，但是也減少了你回頭和摔跤的次數，整體合計下來，其實不見得吃虧，說不定按部就班，反而勝過一跳三丈遠，所謂欲速則不達，就是這個道理。

當你擁有才能，佔盡優勢之時，更要小心翼翼、步步爲營，才是致勝的不二法門。

9. PART

奇蹟，來自智慧的累積

如果你認為事情只有一種處理方式，
自然就只會依照常理去進行，
但是，有時候腦筋稍微拐個彎，
說不定就會有截然不同的發展。

找到想走的路，好好走下去

人生中所有不利的條件總有克服之時，只要我們有心克服困難；生活中所有的難題總有解決時，只要我們用心解決。

從來沒有人知道，什麼時候才會等到真正屬於自己的機會，但每一個人都知道，只要認真前進、執著積極，總有一天，你我的雙腳自然會引導著我們走向夢想的道路上。

找到了目標就好好走下去，不管外在環境有多糟，不管內在實力還差多少，只要我們有決心，這些問題終究能夠克服解決。

在布魯塞羅長大的查理是個非常膽小的男孩，每當人們要他講話時，他總是緊張得口吃。在學校裡，他最害怕被老師叫起來說話，甚至還曾爲此逃學。若是碰到無法逃避的狀況，查理便會轉過身，背著全班同學，這也使同學們經常取笑他是膽小鬼。

十五歲那年，家中經濟出了狀況，他不得不輟學回家幫忙。他在叔叔的店裡幫忙，工作是將顧客們訂的衣服和鞋子送到他們家。認眞工作之餘，查理因爲受母親影響，對歌劇頗感興趣。

他媽媽是位業餘歌手，嗓音極爲優美，每當查理在家裡時，母親都會帶他去見一位聲樂老師。

這位聲樂老師的工作室就在大都會歌劇院，查理打從心底對這位歌唱家充滿敬意，但是他算了算自己的生活費，發現根本無力繳交學費，於是他對媽媽說：「媽，我沒有錢交學費，還是算了吧！」

還好母親與老師交情匪淺，只見老師爽快地答應：「沒關係，等你拿到獎學金時再給我就好。」

從此，查理每天抱著一大堆鞋盒和衣物出現在那名老師的工作室，一到午餐時間，便見他急急忙忙地將貨物送出，做完事後才又回到教室上課，下課後再急急忙忙地練歌。

查理和媽媽都不敢把學習聲樂這件事告訴父親，因爲他們擔心父親無法理解而加以阻撓。然而，有一天上完課之後，查理回家的時間太晚，父親便問他：「爲什麼這麼晚回家？」

查理不敢說謊，便將聲樂課的事一五一十地告訴父親。父親聽完兒子的解釋，並沒斥責或阻止他，只是叮嚀一句：「下課後，早點回家！」

有一天，查理將貨物送到第五十七街時，正巧看見音樂廳前圍著一群人，他上前了解後，知道是某個單位正招考一名臨時團員。接著，查理竟不自覺地跟著人群前進面試。他選擇唱某一首歌展現實力，沒想到竟得到了這份工作，那時他才十八歲。

有好歌喉但是缺乏實際演唱經驗的查理，面對新挑戰非常緊張，所幸團裡的工作事務繁多，能讓他分散心中緊張感。

合唱隊唱歌的時候，查理會爲他們伴唱，此外他還接下一個青年喜劇演員的助理工作。當他第一次聽到觀衆的掌聲時，查理對自己說：「這是我想走的路，要好好走下去！」

還有一個令查理不敢置信的情況，就是當他上台演唱時，那讓人尷尬不已的口吃毛病竟然完全消失。

從此，只要他一站上舞台，無論是新的舞台還是熟悉的場所，他的自信心便會逐漸增強，原來的膽怯也慢慢消失不見。

查理從中也學習到了：「那些讓人軟弱的不利條件是可以克服掉的！」

勇敢走上台去，然後我們才會知道那到底是不是我們的舞台。不必擔心可能發生窘態，更不必煩惱可能面臨的緊張與口吃，說不定那口吃的小毛病，反而會成爲獨有的表演特色。

好像查理一樣，如果那天他不給自己排隊參加面試的機會，他永遠也無法戰勝自己，生活也不會出現新的轉機。感謝生命中的那些挫折吧！查理的經歷不正告訴我們：「只有積極投入生活中，用心感受與應對生活中的所有情況，我們才會知道哪一個機會是屬於我們的。」

人生中所有不利的條件總有克服之時，只要我們有心克服困難；生活中所有的難題總有解決時，只要我們用心解決。一如查理的感悟：「只要看見你想走的路，就好好走下去，那些讓人軟弱的不利條件，便很快就能克服。」

發揮十分的努力才能勝利

一味地羨慕他人，是無法讓自己成長的。只有付出「努力」也是不夠的，要讓自己的努力用「十分」的力道來呈現。

有句話說：「經濟愈不景氣，就愈要努力。」

日本的經濟危機已經長達二十多年，台灣也碰上同樣的問題，很多人感嘆生意難做，甚至覺得現在創業無疑是一種自殺行爲。就因爲抱持著如此心態，許多行業漸漸走向沒落之路。

可是一些眼光遠大的人，反而認爲這是開創商機的好機會。因爲經濟不好，許多生意結束營業，自然也少了一些競爭對手，發展的機會反而大多了。

某班大學同學在畢業十年後舉辦了一次同學會，當年大家都坐在同一間教室聽講，如今卻有很大的差距。

除了在容貌上有明顯改變外，就是畢業後的發展。有人拿到鐵飯碗，成了公家機關的處長、局長；有的走文教路線，當了博士、教授、作家；甚至有人自行創業，成爲大公司的負責人；當然也有不太順遂的人，沒有固定的工作，只能靠兼差、打工過活；甚至有人背著一筆債務，辛苦過日子。

看著大家不同的際遇，有人感到很不服氣，開始感嘆這世界太不公平，當年唸書時大家的程度都差不多，爲什麼現在會有這麼大的落差？有幾個人前去請教當年的系主任。

老師聽完了大家的疑問之後並不立刻回答，只是笑一笑，然後出了一道題目：

「十減九等於幾？」

學生們聽到老師這個「莫名其妙」的問題，一個個張大嘴巴，又說不出話來。

老師見此情況，又問：「你們會打保齡球嗎？」

不等學生回答，老師開始講解起保齡球的規則：

保齡球的規則是，每一局十個球，每一個球得分是從〇到十。這十分和九分的差別可不是一分，因爲打滿分可以加下一個球的得分，如果下一個球也是十分，加起來就成了二十分。二十與九的差別是多少？如果每一個球都打滿分，一局就是三百分。當然，三百分太難了，但是高手打二百七十、二百八十分卻是常有的事。

假如每一個球都差一點，都得九分，一局最多才九十分。那麼，這與二百七十、二百八十分的差距又是多少？

看到大家若有所思的表情，老師繼續說道：「你們當初畢業的時候，也就是十分與九分的分別，差距不大。但是，分道以後，有的人繼續以『十分』來努力，毫不鬆懈，十年下來，他獲得得多大的成績！如果你還是以九分、八分地做，甚至四分、五分地混，十年下來，你又會拉下多大的距離？」

幾個學生恍然大悟，頓時羞愧難當。

努力貫徹自己的想法，一向是邁向成功不可缺少的元素，有的人成功了，有些人還在原地打轉，甚至倒退。

人們容易將問題歸咎於環境，卻忘了奮力追求，甚至創造一個適合的環境來發展。

一味地羨慕他人，是無法讓自己成長的。要記住，只有付出「努力」是不夠的，要讓自己的努力用「十分」的力道來呈現。

有想法，也要有積極的做法，一個人若不能以積極的態度面對人生，就很難成爲佼佼者。

想要比別人優秀的不二法門只有一個：就是付出十分的努力！

想暢行無阻，就必須小心鋪路

想使未來暢行無阻，現在就必須開始鋪路，別因為過去一個小錯誤，成為影響今日發展的主要因素。

若要人不知，除非己莫爲，凡是走過的路，必然會留下一點蹤跡。現代社會裡，有許多人雖然表面上受著法律約束而謹守紀律，私底下卻常常任意妄爲，在沒人注意的地方大肆破壞，造成其他人的困擾甚至傷亡。例如，建築物偷工減料、偷走水溝蓋等等惡行。

或許因爲一時的「幸運」，沒人發現那些行爲，然而人類整個生活圈就像食物鏈般，牽一髮而動全身，最後的影響經過循環還是會輪迴到自己身上。

任何卑劣的行爲都會留下紀錄，不可不小心謹慎。

有一次，著名的哲學家和文藝理論家狄德羅答應幫忙一位年輕人看他的作品並加以評論。年輕人依約帶著一份手稿出現，可是當狄德羅接過稿子時，怎麼也沒有想到那是一本誹謗他的小冊子。

等到他從頭到尾看完後，心裡充滿驚訝和不解。

直到那位年輕人第二次去找他時，狄德羅才疑惑地問道：「先生，我和你素昧平生，當然不可能得罪過你。能否告訴我是怎麼樣的動機使你這樣批評我，還想辦法讓我生平第一次讀到一部諷刺自己的文章呢？通常碰到這樣的作品，我都會把它扔進垃圾桶裡。」

那位年輕人大言不慚地回答：「因爲我沒有飯吃。我這麼做是希望您給我幾個錢花，只要這樣我就不發表它。」

「看完你長篇大論的胡謅之後，我認爲你還可以得到更大的利益。」狄德羅好氣又好笑地繼續說道：「奧爾良公爵的兄弟是個虔誠的教徒，而且十分恨我。我建議你把這個作品獻給他，我敢保證無論什麼時候，只要你把這個作品送給他，都一定會獲得資助。」

「可是，我並不認識這位公爵，而且由我自己上門推銷也不大適當。」年輕人猶豫地說著。

「坐下吧，我馬上幫你寫。」狄德羅豪爽地說。

於是，狄德羅眞的爲他寫了推薦信。這位年輕人拿著推薦信來到公爵面前，也一如狄德羅預期般得到爲數不小的錢財。幾天後，年輕人回來向狄德羅致謝，狄德羅則誠懇地建議他找一個正當的工作。

許多人成名之後，過去的一切都會被八卦雜誌挖掘出來。偏偏在這個隱善揚惡的社會，愈是負面的消息就愈讓人感興趣，也因此名人們常在過去的「惡行」被報導出來後，爲了表示負責，必須召開記者會對社會大眾道歉，但還是在民眾心中留下了不好的印象，影響自己的事業。

目前有許多職業需要「考核」過去的行爲，例如警察、機師、情治人員等等。即使是學生時代留下的一個小過，都可能成爲日後遭人排拒在外的原因。讓過去的小錯誤成爲影響未來發展的大障礙，是一件很可惜的事。

惡可以由小而大，小惡做久就不在乎大惡了；善也是積少成多，小善終能成大德。或許我們覺得自己只是個平凡人物，根本不用擔心這些，但是換個方向想，若我們能積小善、去小惡，熱心於幫助別人，或許會有意想不到的收穫。

想使未來暢行無阻，現在就必須開始鋪路，別因爲過去一個小錯誤，成爲影響今日發展的主要因素。

奇蹟，來自智慧的累積

如果你認為事情只有一種處理方式，自然就只會依照常理去進行，但是，有時候腦筋稍微拐個彎，說不定就會有截然不同的發展。

在競爭激烈、花招百出的商場上，沒有顛撲不破的定理，只有所謂的趨勢。然而，趨勢是人創造出來的，只要你的腦筋靈活，設定自己的目標與方向，終究能開創出另一波新趨勢。

二次大戰時，在德國奧斯維辛集中營裡，一個猶太人對他的兒子耳提面命說：

「現在，我們唯一的財富就是智慧，當別人說一加一等於二的時候，你應該想的是一加一大於二。」

當時，納粹在奧斯維辛集中營裡，總共毒死了五十三萬六千七百二十四人，而那對父子卻幸運地活了下來。

一九四六年，他們舉家來到美國，在休斯頓定居，從事銅器生意。

有一天，父親問兒子一磅銅的價格是多少，兒子回答三十五美分。

父親說：「對，整個德克薩斯州都知道每磅銅的價格是三十五美分，但身爲猶太人的兒子，你應該說三．五美元。怎麼說呢？你試著把一磅銅做成門把，它就可以賣這個價格。」

二十年後，父親死了，由兒子獨自經營銅器店。他做過銅鼓，也做過瑞士鐘錶上的簧片，還做過奧運會的獎牌。他更曾經把一磅銅賣到三千五百美元，當時，他已是美國知名企業麥考爾公司的董事長。

然而，眞正使他揚名的，是紐約州裡的一堆垃圾。

一九七四年，美國政府爲了清理自由女神像翻新後所扔下的廢料，向社會廣泛招標，但是，好幾個月過去了，都沒人去投標。當時，正在法國旅行的他聽說之後，立刻飛往紐約，勘察過自由女神像下堆積如山的銅塊、螺絲和木料後，未提任何條件，當下就立即簽了字。

許多紐約當地的運輸公司，對他這個舉動暗自發笑，恥笑他是個愚蠢的傻子。因爲，紐約州對於垃圾處理有相當嚴格的規定，這項吃力不討好的工作處理不好的話，說不定還會受到環保組織控告，吃上官司。

就在許多人要看這名猶太人的笑話時，他開始組織工人對廢料進行分類。他讓工人把廢銅熔化，然後鑄成小型的自由女神像，把木頭等加工做成底座，把剩下的廢鉛、廢鋁做成紐約廣場的鑰匙圈。最後，他甚至把由自由女神身上掃下的灰塵全部包裝起來，出售給花店。

短短不到三個月的時間，他讓這堆廢料變成了三百五十萬美元現金，每磅銅的價格整整翻了一萬倍。

即使是幾近被淘汰的事物，只要經過一番巧妙改頭換面，也可以搖身一變，成了人人爭奪的寵兒。

有誰想過垃圾堆裡的廢料，竟然隱藏著無限商機？故事中的商人，轉眼間把垃圾變成黃金，看似不可思議，然而，這並不是天降奇蹟，而是一種智慧的累積。

如果你認爲事情只有一種處理方式，自然就只會依照常理去進行，但是，有時候腦筋稍微拐個彎，說不定就會有截然不同的發展。

在商業化社會裡，是沒有公式可言的。當你抱怨生意難做時，也有人正因爲點數鈔票而累得氣喘吁吁。這當中的差別可能就在於：你認爲一加一應該等於二，而他認爲一加一永遠大於二。

分段實現大目標

每經過一段衝刺，就給自己一點喘息的空間，利用每一個分段目標的成功喜悅，作為下一次出擊的努力。

遠大的志向，往往也是遙遠難及的目標，因此，當我們經過一陣努力，卻發現目標還是同樣的遙遠，就好像永遠到不了似的，原先漲滿的信心與勇氣，很容易一下子就洩了氣，再也提不起勁了。

當我們遇到這樣的狀況時，或許可以借助山田本一的成功經驗。

一九八四年，在東京國際馬拉松邀請賽中，一位名不見經傳的日本選手山田本一，以時快時慢的跑步速度，出人意料地奪得了世界冠軍。

當時，許多人都認爲，這個在比賽過程中，常常突然跑到最前面、有時又落到很後面的矮個子選手是在故弄玄虛，只是湊巧撿了個冠軍罷了。

然而，兩年後，在義大利北部城市米蘭舉行的義大利國際馬拉松邀請賽，山田本一再度代表日本參加比賽，這一次，他同樣又獲得了世界冠軍。

十年後，山田本一聲稱自己「以智慧戰勝對手」的謎團終於被解開了。

他在他的自傳中說道，每次比賽之前，他都要先把比賽的線路仔細地看一遍，並把沿途比較醒目的標誌畫下來，比如第一個標誌是銀行，第二個標誌是大樹，第三個標誌是座紅房子……這樣一直到賽程的終點。

比賽一開始，他就以百米的速度奮力地朝向第一個目標衝去，等到達第一個目標後，他又以同樣的速度向第二個目標衝去，最後，四十多公里的賽程，就分解成這麼幾個小目標輕鬆地跑完了。

起初，他並不懂得這樣的道理，他把目標定在四十多公里外終點線上的那面旗幟上，結果他往往跑不到十幾公里就疲憊不堪了，因爲他完全被前面那段遙遠的路程給嚇倒了。

在現實中，人難免會遭遇阻礙，不免會半途而廢，其中的原因，往往不是因爲難度太大，而是覺得成功離我們愈來愈遠。確切地說，我們不是因爲失敗而放棄，而是因爲倦怠而失敗。

倒不如設定好一個個近程目標，達成了一個再設定另一個，每經過一段衝刺，就給自己一點喘息的空間，利用每一個分段目標的成功喜悅，作爲下一次出擊的努力。

如此一步一步，不經意間，你將會發現勝利就在不遠之處，而不再是遙不可及的空中樓閣。

量力而為，才是真正的成功

所謂「兩害相權取其輕，兩利相權取其重」，如果能夠運用智慧，使事情得以兩全，魚和熊掌都想辦法得到，那是再好不過的了。

英雄人人想做，但可不是人人都做得到。除了要有機緣，還得要有足夠的實力才行。

當一個可能成爲英雄的機會來到你的面前時，你會如何抉擇？是不顧一切，只爲了求得成功？

還是先掂掂自己的分量，再考慮要不要做、該如何做，以免英雄當不成，卻成了十足的狗熊？

貝爾納是一位法國著名的作家，一生中創作了大量的小說和劇本，在法國影劇史上占有極重要的地位。

有一次，一家法國報社安排了一次有獎徵答比賽，請讀者將答案寄到報社，再由報社選出內容最佳的答案，獲選人可以得到一筆鉅額獎金。

其中有這麼個題目：「如果法國最大的博物館羅浮宮失火了，情況相當緊急，只允許搶救出一幅畫，你會搶哪一幅？」

結果，在成千上萬的回答中，貝爾納以最佳答案獲得該題的獎金。

他的回答是：「我搶離出口最近的那幅畫。」

羅浮宮的藝術品，當然是世界珍寶。但是，若爲了搶救最爲珍貴的一幅畫，而陷入重重危機，甚至使自己喪失寶貴的性命，那麼即使是世界珍寶也同樣成了廢紙，不是嗎？

所以，貝爾納答得好，要在自己確保安全的狀態下，盡力求得最大的效益，才是最正確的做法。如此，不但保全了一幅珍貴的畫作，更保全了自己的生命。

所謂「兩害相權取其輕，兩利相權取其重」，如果能夠運用智慧，使事情得以兩全，魚和熊掌都想辦法得到，那是再好不過的了。

突如其來的狀況或是事態急迫時，特別容易讓人心慌意亂，如果不能冷靜下來想妥辦法，當然難以隨機應變。

所以，遇事要冷靜，先擬妥計劃；設定目標時更要實際，仔細衡量自己的能力，不要奢想自己根本做不到的行動。然後，把握住時機，全力衝刺，拚勁一搏。如此，所得到的結果，說不定會比自己原先預期的還要好。

凡事先量力而爲，踩著踏實的腳步，一步接著一步地前進，完成一個目標，再邁向下一個目標，那麼不論如何，你都已經達成一個目標了，能夠掌握在手裡的成功，才是最眞實的。

有人說過，人生就如一場棒球賽，場上有一個個壘包，是每一個人生階段的重要目標，只要打擊出去，不論擊出的是安打或全壘打，一定得踩過每一個壘包，奔回本壘後，才能算得分。

其實，就算不是強打選手，就算不能擊出全壘打，只要有機會站上壘包，就有機會爲隊伍得到分數。

因此，不要過分膨脹自己，也不要過度貶抑自己，重要的是，要清楚地認識自己。

找出你專屬的「洩氣」管道

有誰會喜歡一個天天癟嘴、眉頭緊皺的人呢？器量不大的人也能成為可愛的人，只要你找出了自己專屬的「洩氣」管道。

每個人都有過生氣的經驗，因爲生氣太容易了，只要心中有了委屈、憤恨，不愉快的情緒很快就會衝上大腦，忍不住想動氣。可是，有氣可不一定就能隨處亂發，還得看時間、地點、場合。否則，自己的氣消了，卻引起別人的怨懟，非但氣氛弄僵了，還可能惹出一堆烏煙瘴氣的是是非非。

話又說回來，若一個勁兒地把怒氣往肚裡呑，表面上還得裝出一副若無其事的模樣，那可就需要極高的修養，不然，一不小心沒控制好，就可能會被彼此積壓已久的怒氣炸得屍骨無存。

美國南北戰爭時代，曾經有過這麼一則小故事。

一天，陸軍部長斯坦頓來到總統林肯的辦公室，一進門，就氣呼呼地說，有一個目無尊長的少將，竟用侮辱性的話語指責他偏袒、自私。這樣子虛烏有的指控，讓斯坦頓氣得吹鬍子瞪眼睛、臉紅脖子粗，恨不得把那名造謠生事的傢伙抓過來痛打一番。

林肯安靜地聽完斯坦頓的抱怨，彷若同仇敵愾般，建議斯坦頓立刻寫一封信，好好地回敬那傢伙，給他點顏色瞧瞧。

「狠狠地罵他一頓！」林肯說。

斯坦頓二話不說，立刻提筆寫了一封內容尖酸刻薄、措辭激烈的信，然後拿給林肯看。

「對了，對了，就是這樣！」林肯一邊讀著信，一邊高聲叫好：「沒錯就是這樣！好好教訓他一頓，你可眞是寫絕了，斯坦頓。」

但是，當斯坦頓把信摺好，準備裝進信封裡時，林肯卻突然厲聲叫住他，問道：「斯坦頓，你要做什麼？」

「信寫好了，當然是寄出去啊。」斯坦頓被總統的神情、態度搞得有些摸不著頭緒了。

「別胡鬧了。」林肯大聲說：「這封信不能寄，快把它扔進爐子裡去，凡是生氣時寫的信，我都是這麼處理的。這封信寫完之後，你一定已經發洩了怒氣，瞧，現在感覺好多了吧！那麼就請你趕緊把它燒掉，再寫第二封信吧。」

沒錯，生氣的時候，因爲心裡的怒氣控制了自己的心神，特別容易做出衝動且日後會後悔莫及的蠢事，也容易落入別人的激將陷阱。

若是沒有適當的發洩管道，可以事先消消氣，那麼心裡的氣，就像是氣球裡的空氣，因爲無處可漏，於是撐大了氣球，而且越撐越大，最後超出氣球所能負荷的限度，只好「砰」的一聲，徹底地爆發開來。

林肯的方法是，把心裡的怒氣全部寫了下來，任何不滿、不愉快，全部透過筆尖，一一發洩出來，然後一把火燒得灰飛煙滅。當你能將自己生氣的原因，以及對對方的種種不滿全部轉換成文字，無形中也讓你有了喘息、冷靜的空間，也才能重新以不同的角度去思考問題的癥結所在。

氣頭過了，才能靜下心來想想對方爲什麼會有這樣的舉止，進而想出適當的解決方法，才能保持人際關係的和諧。

所以，尋找適合自己的專屬洩氣管道，讓自己能盡快地冷靜下來，是極爲重要的事，特別是本來就器量狹小的人。因爲，器量不大的人，很容易被小事撩撥，也就是說氣球的容量比較小，能夠忍受的氣也就少，動不動就易發怒，「怒」形於色自然容易得罪人，人緣自然差。

試想，又有誰會喜歡一個天天癟嘴、眉頭緊皺的人呢？器量不大的人也能成爲可愛的人，只要你找出了自己專屬的「洩氣」管道。

發揮自己本色，不受他人主宰

只要做好自己的事，不用在意別人怎麼對你。每個人都能主宰自己的命運，扮演好自己的角色，不受他人言行的影響。

小時候做錯了事，爲了逃避責罰，減輕自己的過錯，我們總是會說：「某某某也這樣啊！」

這句話一出口，我們也都會得到預料中的回答：「人家這樣做，代表你也要這樣做嗎？」

每個人都有屬於自己的特質，如果只是盲目追隨他人，不但會失去本色，也不會感到快樂。自己的人生要走向何方，應該由自己決定。

假如我們願意改變自己應對人事物的心態，讓自己活得和別人不一樣，那麼就可以輕輕鬆鬆地擁有完全屬於自己的未來。

有一次，蘇格拉底涉水過河，一不小心跌入了一個深坑裡。他不會游泳，只好在水中一邊拼命地掙扎，一邊大喊「救命」。

一個正在河邊釣魚的人聽到呼喊聲，不僅沒有伸出援助之手，反而收起釣魚竿，起身就走。後來，多虧蘇格拉底的學生趕到，才救了他一條命。

大家七手八腳地幫蘇格拉底換掉濕衣服，異口同聲地譴責那個見死不救的釣魚人一點良心也沒有。

過了不久，那個釣魚人涉水過河，一不小心也跌入了深坑裡。這人同樣不會游泳，只好一邊拼命掙扎，一邊大呼「救命」。恰巧，蘇格拉底和他的學生聽到呼救聲就快跑過去，用一根長長的竹竿把那人救了上來。

等到看清楚救上來的人的面孔，蘇格拉底的學生就後悔了，說道：「如果知道落水的是他，我們無論如何都不會救他的！」

蘇格拉底爲落水的人換掉濕衣服，平靜地說：「不，我們必須救他，這正是我們和他最大的區別。」

法國作家雨果說過：「如果自己的良心是平靜的，目的是正當的，那麼即使走在搖撼不定的地上，也應該是步伐堅定的。」

每個人都有自己的人格和操守，那是一項珍貴的寶物。就算是別人不義在先，也不能爲了報復而改變自己原有的理念。只要做好自己的事，盡應盡的責任，就不用在意別人怎麼對你。

每個人都能主宰自己的命運，不像讓人操控的布偶，不能替自己發聲。應該扮演好自己的角色，而不是一味羨慕別人、模仿別人，受他人言行的影響。

就像蘇格拉底有自己的品格，懂得尊重生命，幫助該幫助的人，這就是他和別人不同的地方。做自己，走好自己的路，不論前方的路該直走或轉彎，是平坦或崎嶇，都由自己決定，因爲你就是自己的主人。

放棄安逸的生活，能夠超越自我

若沒有冒險的勇氣，想超越自我的機會就很渺小。很多時候，想要找到屬於自己的天空，往往在放棄安逸的生活之後。

有的父母希望孩子填寫志願時，選擇鄰近的大學，最好畢業後也能在家附近工作；有的則鼓勵孩子到外縣市就讀，學習獨立過生活。

雖然前者可以有多點時間享受天倫之樂，後者卻可能是決定一個人未來走向的關鍵時期。

或許你會說，台灣那麼小，到哪其實都差不了多少。但是距離的遠近不是主要問題，離開「家庭」的呵護，強迫自己進入新環境過程中的勇氣培養，才是實現自我的最大關鍵。

從前，有一個老人在山裡打柴時，撿到一隻模樣怪異的幼鳥，那隻怪鳥大小和剛滿月的小雞一樣，而且還不會飛，老人把這隻怪鳥帶回家送給小孫子。

老人的孫子很調皮，將怪鳥放在小雞群裡，讓母雞養育。母雞並沒有發現這個異類，把牠當成自己的小孩一樣照顧。

怪鳥一天一天長大了，人們這才發現牠竟是一隻老鷹，擔心牠更大後會吃雞。他們的擔心是多餘的，長大後的老鷹和雞相處得很和睦，只是老鷹出於本能在天空展翅飛翔，向地面俯衝時，雞群也出於本能會產生恐慌和騷亂。

村裡的人對於這種鷹雞同處的狀況非常看不慣，如果哪家丟了雞，便會懷疑那隻鷹。愈來愈多不滿的人一致要求將老鷹放生，永遠也別讓牠回來，否則就要殺了牠。

因爲和老鷹長時間相處，這一家人捨不得殺牠，最後決定將老鷹放生，讓牠回歸大自然。

他們用了許多辦法都無法讓老鷹重返大自然，就算把牠帶到很遠的地方放生，過不了幾天又飛了回來，即使驅趕牠，不讓牠進家門，都不奏效。

最後，他們終於明白，老鷹是眷戀從小長大的家園，捨不得那個溫暖舒適的家。後來，村裡的一位老人說：「把老鷹交給我吧，我會讓牠重返藍天，永遠不再回來。」

老人將老鷹帶到附近一個最陡峭的懸崖絕壁旁，然後將老鷹狠狠向懸崖下的深澗扔去，就像扔一塊石頭那樣。

那隻老鷹剛開始也像石頭般向下墜去，然而快要到澗底時，牠終於展開雙翅，開始緩緩滑翔，然後輕輕拍了拍翅膀，就飛向蔚藍的天空！

牠越飛越高，越飛越遠，漸漸變成了一個小黑點，飛出了人們的視線，永遠地飛走了，再也沒有回來。

現有的穩定和保障讓人留戀，外面的世界雖然精采，可是風險也很大。要保持現狀還是尋求突破，一切都在於個人的決定。

無論如何，你必須做一個決定！當你決定留在現有環境時，就別因嚮往外面世界而感嘆過日；如果你決定開創新天地時，就別因眷戀安逸而躊躇難行。

只是必須記得一件事：舒適、穩定、熟悉的環境讓人放鬆，鎮日安樂其中，可是一個人若沒有冒險的勇氣，想超越自我的機會就很渺小。

很多時候，壓力就是一個人成長的動力，想要找到屬於自己的天空，往往在放棄安逸的生活之後。

10. PART

懂得感恩，做事才會認真

能夠對每一粒米都懷著感恩的心的人，
面對任何的人事物一定都能用相當的誠心去處理，
進而對所有的事物負責。

發自內心的善良和體貼

很多的小處都可以洩露自己的秘密，別人很容易就可以觀察出你的處事態度。所以，如果打算改變別人對自己的看法，就要從根本做起。

一個在愛中長大的人，他最好的回報也是愛。

當愛促使一個人去完成一件困難的事，這便足以證明愛的力量！

在與自己無關的小事情上，也能體現出對別人體貼和關心的人，那麼，他所受到的愛的教育無疑是成功的。

一個女孩相貌平平，成績也很一般。她得知媽媽患了不治之症後，爲了減輕家裡的負擔，於是打算利用放暑假的這兩個月時間，出去賺錢貼補家用。

她來了到一家公司應聘，經理很快看了她的履歷，隨即沒有表情地拒絕了。女孩並不憤怒，只是默默收拾自己的物品，用手掌撐了一下椅子打算站起來告辭。

突然，她覺得手被扎了一下，看了看手掌，上面沁出了一顆紅紅的小血珠，原來椅子上有一根釘子露出了頭。

她所做的第一件事，並不是慌亂地要人爲自己包紮傷口，而是見桌子上有一塊石鎮尺，便拿來將釘子敲平，然後才轉身離去。

幾分鐘後，經理卻派人將她追了回來，告訴她，她被聘用了。

一般人對於對自己沒有很大的利益的事，往往不會去替別人在乎，但女孩卻沒有置之不理，反而在小小的敲釘子的舉動中，流露出的性格與發自內心的慈悲。

當一個人無私的去對待每一個人、每一件事時，那他一定可以周全地面對每一項挑戰。

很多的生活細節都可以洩露自己的秘密，別人很容易就可以觀察出你的處事態度。所以，如果打算改變別人對自己的看法，就要從根本做起，因爲只要有一點點馬腳露出，就騙不了人的。

故事中的女孩雖然不發一言，卻清楚地呈現她體貼別人和爲人設想的態度，於是公司的經理願意相信一個這麼重視小處的人，在工作上一定可以加倍認眞，於是他給了她一個機會。

這可以說是幸運，但無疑是女孩珍惜生命的態度，所得到的回報。

誠實就是最好的策略

誠實與欺騙都是做事的方法之一，都是智謀的手段，但是重要的是，如果你要說謊，就必須要連自己都騙得過，否則還是選擇誠實吧。

一個誠實的人，其實是最具有勇氣的，因爲他必須敢於面對事實和眞理，當別人含含糊糊、唯唯諾諾的時候，勇敢地指出眞相。

誠實比一切策略都好，而且它是爲人處世的基本條件。

有一分工作需要招募人才，先後來了四個人應徵。招聘條件欄中，有一項是必須具備兩年以上的工作經驗。

前三位應徵者都聲稱自己有類似的工作經驗，但在公司主管一一詢問之下，很快顯示出自己對這一行的無知。

最後來了一位剛畢業的大學生，他坦率地對公司主管說，自己並不具備這方面的工作經驗，但對這項工作很感興趣，並且有信心經過短暫的學習之後能夠勝任，公司主管最後錄用了他。

這個剛踏出校門的大學生曾和那個公司主管有過一段對話。主管提起：「很多求職的人在介紹自己的情況時都不誠實，爲什麼你能夠誠實相告呢？」

他說了小時候的經驗。有一次，他撿到了錢，奶奶問起時，他撒了謊。奶奶朝他的屁股上重重地打了一下，然後告誡他：「窮並不可怕，只要你誠實，你就有救！」

他對主管表示，自己永遠記得奶奶說的這句話。

欺騙是一個手段，但我們可曾深思說謊的目的究竟是爲了什麼呢？

這個大學生因爲自己過去的經驗而不說謊，在這個故事中，正好符合了這個招聘者的喜好。

但是，有時候我們卻爲了讓事情順利發展而不得不說謊，就如同前三位應徵者，他們說謊的目的不就是希望能夠得到這分工作嗎？

另外三位應徵者對於這分工作所表現出來的慾望應該更高，卻爲何反而會得不到認同呢？

答案當然就是，他們只會說謊而已。因爲，就算沒有實際的經驗，但對這分工作內容的各種相關資訊，都可以事前先深入了解，心中有譜，就不怕一問三不知，而且只要表現了相當的熱忱，絕對可以同樣獲得別人的賞識的，可是他們沒有，這就是他們不足之處。

誠實與欺騙都是做事的方法之一，都是處世的手段，但是重要的是，如果你要說謊，就必須要連自己都騙得過，否則還是選擇誠實吧，至少那還爲自己保留了一項可取之處。

我們所做的任何選擇都必須付出代價，如果你想得到預期的結果，就得相對的付出努力，至少要讓人看見你的努力，如果眞的只有心想就能事成的話，那麼人們就不須這麼汲汲營營於生活了。

所以，給自己一個鼓勵吧！盡力去做，適度表達，便能更接近成功。

不要輕易放棄做得到的事

不要輕易放棄自己做得到的事，因為當我們做得到卻停下腳步時，日後我們將為這個停步而感到後悔，甚至也可能為這個決定付出代價。

在我們生活周遭，常會發生一些需要我們伸出援手的事情，但大部分人的心態都是：「總會有人會去付出，不差我一個」。事實上，如果每個人都是這樣的想法，最後便沒有任何一個人會有所行動。

有一位醫學院的教授，曾在面對學生演講時，說了這個故事。

在暴風雨後的一個早晨，一個男人來到海邊散步，看到沙灘的淺水窪裡，有許多被海浪捲上岸來的小魚。牠們被困在淺水窪裡，回不了大海了，雖然大海就近在咫尺。

被困的小魚，也許有幾百條，甚至幾千條。用不了多久，淺水窪裡的水就會被沙粒吸乾，被太陽蒸乾，這些小魚都會乾死的。

男人繼續向前走著。他忽然看見前面有一個小男孩，走得很慢，而且不停地在每一個水窪旁彎下腰。不久，男人發現，他正抓起水窪裡的小魚，用力將牠們扔回大海。

終於，男人忍不住走過去，對小男孩說：「孩子，這水窪裡有幾百幾千條小魚，你救不了的。」

「我知道。」小男孩頭也不抬地回答。

「哦？那你爲什麼還在扔？誰在乎呢？」

「這條小魚在乎！」男孩兒一邊回答，一邊撿起一條魚扔進大海。「這條在乎，這條也在乎！還有這一條、這一條、這一條……」

這位教授說完故事後，語重心長地對台下的學生說：「今天，你們在這裡開始大學生生活。你們每一個人，都將在這裡學會如何去拯救生命。雖然你們救不了全世界的人，甚至救不了一個省、一個市的人，但是，你們還是可以救出一部分的人，你們可以減輕他們的痛苦。因爲你們的存在，他們的生活從此有所不同，你們可以使他們的生活變得更加美好。這是你們能夠並且一定會做得到的。在這裡，我希望你們勤奮、努力地學習，永遠不要放棄！記住：這條小魚在乎！這條小魚也在乎！還有這一條、這一條、這一條……」

有時候，我們會有太多的藉口告訴自己，那是我無能爲力的事情，於是只在一旁冷眼看著一切事情發生，而不給予任何的幫助。

這名教授要勸導的是一群即將披上白袍、站上手術台的準醫生們，因爲他們或許不是神，沒有辦法拯救每一位前來求醫的人，幫助他們遠離痛苦，恢復健康。但是，在殘酷的現實下，如果他們先放棄了，那麼病人就一點機會也沒有了。

我們必須尊重每一個生命的形式，倘若我們都能心存著「這條小魚在乎」的心態，至少我們會盡力救下眼前的這條小魚，如果我們能爲這個世界投入一點改變，或許世界將會因而更加溫暖。

不要輕易放棄自己做得到的事，因爲當我們做得到卻停下腳步時，日後我們將爲這個停步而感到後悔，甚至也可能爲這個決定付出代價。

帶人用心，方能上下同心

要讓人願意賣命，金錢只能收到短暫的成效。只有用「心」相待，才能讓人有認同感。

某間簡餐店由於大受好評，因而生意興隆，客人源源不絕。除此之外，就連學生們也爭先恐後地搶著在此工讀的機會，即使工作的時薪和一般店家相同。

這間店成功的原因就在於老闆夫婦倆相當用心。

雖然店裡請了很多工讀生，已經不需要老闆親自動手，他們還是會每天到店裡走動，客人多的時候也會下場幫忙。除此之外，老闆娘每天中餐、晚餐時間，還會下廚煮幾道家常菜，讓趕著上課的工讀生能夠帶個飽滿又營養的便當離開。

這樣的用心，讓工讀生們個個工作起勁，服務也特別親切周到。大家都希望能多爲店裡盡一份心。

所謂的管理和經營，其實都脫離不了人與人之間眞誠、用心的相處之道。

在南美獨立戰爭期間的一個冬天，某個兵營的工地正在進行一項工程。只見一位班長指揮幾名士兵安裝一根大樑，班長大聲喊著：「加油，孩子們！大樑已經移動了，再多使把勁，加油！」

一位衣著樸素的軍官正好路過，看見所有士兵揮汗如雨地拉著繩索，就只有班長輕鬆地站在一旁高聲喊口號，便上前問道：「你爲什麼不一起下去幫忙呢？」

「因爲我是班長。」班長驕傲地回答。

「原來你是班長啊！」軍官了解似地點點頭，隨即下馬走到士兵們的身旁，捲起袖子，幫忙安裝大樑。

大樑裝好了之後，軍官一邊擦汗一邊對班長說：「班長先生，以後如果您還有類似的任務，並且需要更多的人手時，您就儘管吩咐總司令好了，他會再來幫助您的士兵。」

班長一聽，當場愣住了。原來這位軍官就是拉丁美洲獨立運動的領導人西蒙．玻利瓦爾總司令。

第二次世界大戰後期，同盟軍司令艾森豪在歐洲前線待命，指揮某次即將展開的戰役。一天，他在萊茵河邊散步，遇到一個愁眉苦臉的年輕士兵，就問他：「你看起來似乎有煩惱啊，孩子。」

年輕人說：「將軍，我心裡緊張得要命。」

艾森豪拍拍他的肩膀：「這麼說，我們就是難兄難弟囉！因爲我心裡也很緊張。讓我們一起走一走好嗎？也許這能使你我的情緒都好一些。」

眞正成功的帶兵就是帶心。通常一個獲得好成績的部隊，並不是因爲士兵特別英勇善戰，而是因爲有著團結一致的心。

讓他們願意賣命的原因，往往源自領導者的帶領方式。戰爭是一件殘酷且辛苦的事，在這樣的環境下，若長官無法與士兵生死與共，成爲生命共同體，那麼「爲誰辛苦作戰」、「爲誰流血流汗」就成了士兵一種揮之不去的困惑。士兵會害怕是正常的，若無法讓他們做好心理調適，怎能勇敢上戰場呢？

同樣的，一個領導者若只會擺出「我是老闆」的姿態，不親自了解、關心下屬，這樣的工作團隊即使沒有犯錯，整體工作效率也難有提升。

要讓人願意賣命，金錢只能收到短暫的成效。只有用「心」相待，才能讓人有認同感，不管在哪個階層，與哪些人相處，都是同樣的道理。

一個優秀的領導者，並不是採取專制極權、高高在上的作風，而是要能打入屬下的心，讓每個人心甘情願爲自己賣命。

再優秀的人也要有團隊精神

若一個人只力求個人表現，不肯和大家一起行動，那麼即使他有再好的能力，也無法闖關成功。

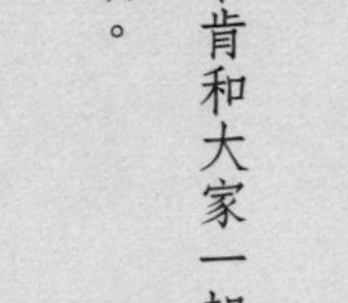

籃球、足球、棒球……等等團體運動中，只有一個人表現突出，並不代表他所屬隊伍就能獲勝。

這些運動的進行需要隊友們互相輔助，才能使球隊獲得好成績。如果只求個人表現，不懂得互相支援，就會讓敵方有機可乘。

同樣的道理，在合唱團中，就算是聲音再怎麼優美的人，如果無法將自己的聲音融入整體之中，硬是顯得特別突出，那麼再美的聲音也會成爲一個敗筆。

法國著名雕塑家羅丹應法國作家協會之邀，爲大文豪巴爾札克雕塑雕像，原本預定一年半可以完成這尊雕像，但實際上卻花了整整七年的時間。

羅丹爲了巴爾札克矮胖肚圓的身材傷透了腦筋，經過長時間的琢磨，決定要全力刻畫這位作家的精神之美，雕塑出一位「寫實的人」。

一天晚上，羅丹終於完成他幾年來精心構思的傑作——巴爾札克雕塑像。他平靜且滿意地注視著這尊雕像，內心的情緒卻是波動不已。

於是，他叫來幾個學生，讓他們一齊欣賞巴爾札克的雕像。

一位學生看著看著，目光最後落在雕像的手上，「這手實在是太逼眞了！老師，我從來沒見過這麼奇妙而完美的手啊！」

這個誠懇的讚美讓羅丹陷入沉思之中。

過了一會兒，他猛然拿起身邊一把斧頭，毫不遲疑地朝著塑像的雙手砍去！

一雙「奇妙而完美的手」當場消失，在場的學生們都忍不住驚呼出聲。

羅丹平靜地向學生們解釋道：「這雙手太突出了！它已經有自己的生命，不屬於這座雕像的整體。大家要記住，一件眞正完美的藝術品，沒有任何一部分是比整體更重要的。」

砍去雙手的巴爾札克雕像，引起各界議論紛紛，報紙也大肆批評。法國作家協會見此情形，急忙矢口否認這是他們向羅丹訂購的巴爾札克雕像。爲此，羅丹痛心極了，因爲沒有人可以了解這個雕像的精神所在。

但是，羅丹並未因此屈服，他說：「這尊雕像是我一生心血總結的成果，也是我個人美學的基本核心。」然後將雕像安放在家中的花園裡。

直到羅丹去世以後，這尊雕像才得到公正的評價，以「神似」而馳名天下，備受世人矚目。

羅丹要呈現的巴爾札克雕像，是他的整體精神，若是大家的目光只侷限在一雙「奇妙而完美的手」，那麼羅丹的苦心就白費了。因此，他毅然捨棄「一雙手」，換來整個人。

由此可見，有時候過於突出的特點，反而是整體的障礙。

玩闖關遊戲的時候，每一個關卡都需要隊友們互相支援、扶持，才能順利過關。若一個人只力求個人表現，不肯和大家一起行動，那麼即使他有再好的能力，也無法闖關成功。

再怎麼優秀的人也要有團隊精神，因爲在企業團隊中，沒有一件繁複的工作是可以由一個人獨立完成的。唯有依賴各部門間和每個職員的互相合作、互補不足，工作才能順利推展。

靈活應用知識才不會有所限制

他人的意見只是一種參考、輔助工具，只要相信自己，活用各種能力，就算命運真的早已注定好，也必會因此改變。

人們常說：「第一個孩子，看書養；第二個孩子，自己養。」

初爲人父人母的新鮮人，通常從書籍中學習前人帶孩子的經驗。等到第二個孩子出生時，已經駕輕就熟，書籍就成爲一種參考，因爲每個孩子的狀況都不同，必須給予的照顧也有所不同。

讀書是一種讓自己成長的方法，目的在於獲得知識、增加專業能力，還有最重要的一點，就是培養思考與應變的能力。

張三是個極度迷信的人，無論做什麼事都要先求神問卜一番，出個門也要翻翻黃曆，看看是否吉利。

一次風雨過後，他家後牆出現蜘蛛網般的裂痕，看著這些裂痕，他在心裡大嘆，眞是不吉利啊！

眼看再不處理就要倒塌了，心急如焚的他想請人拆掉重建。但一查黃曆，卻發現一連好幾天都寫著「不宜動土」，只好暫時放下這件事。

隔了幾天，住在後街的李二請他喝酒。張三照例又翻開黃曆，但因上面寫著「今日不宜出門」，便猶豫了起來。

他不敢出門，可是又捨不得白白放過這頓大餐，因而在門前來回踱步，苦思冥想，終於想到一個兩全其美的方法。既然「不宜出門」，那就不要從「門」出去，從後牆爬出去，這樣就不怕犯了出門的禁忌，又能吃到酒席，不禁爲自己的妙招得意不已。

一拿定主意，他馬上搬來梯子架在牆上，誰知才爬到一半，遍佈裂痕的牆承受不住重量，就「轟」的一聲倒塌下來。

張三連著梯子一起摔倒在地，倒塌的泥土牆還把他壓得只露出一顆頭。張三的兒子聽到呼救聲，慌忙跑過來，束手無策地看著父親被壓在泥牆底下。

「快去找人來把我救出來啊！」張三痛苦地說。

兒子一聽，馬上跑回屋裡翻黃曆，過了一會兒，跑回來對父親說：「爹，今天不宜出門，沒辦法找人來呀！」

「那你去找把鏟子把我挖出來！」張三退而求其次地交代。

「可是黃曆上記載著這三天都不宜動土啊！」兒子爲難地對父親說：「您再忍耐一下，三天過後我就找人來救您。」

黃曆對張三而言是一種「聖旨」，凡事都得通過它的「認可」才能進行，所以自然會綁手綁腳地生活。諷刺的是，張三就是因爲太過相信黃曆，而延遲修牆的時間，導致出門時被牆壓住，眞的成了黃曆所指示的——不宜出門了！

讀書必須靈活運用，如果只是單方面地接收資訊，不知自我思考加以變通，那麼獲得的只是沒有用處的死知識，一旦事物有變化，發展情況不如書中所言時，就會失去處理的能力。

很多時候，他人的意見、書本的資訊，都只是一種參考、輔助工具，用來幫助我們培養思考的能力。事在人爲，只要相信自己，並且活用各種能力，就算命運眞的早已註定好，也必會因此改變。

有所行動才是真正負責

為自己的行為負責，用專業的眼光來判斷事物，覺得事情不對之時，能立即判斷、當下決定的，就該馬上處理。

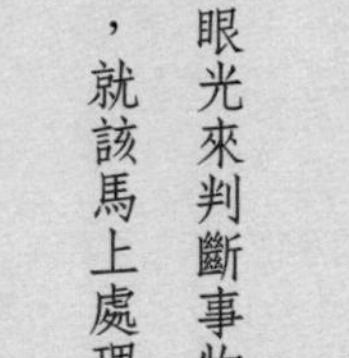

當負責的工作出了差錯時，很多人的第一個反應就是爲自己找藉口推卸責任。比如，因爲上一個人的進度落後而受到影響、上級並沒有交代要做這件事、自己不是主要負責人……等等。

總而言之，就是強調錯誤不是自己工作範圍內可以控制的。

有個笑話說，有四個人，分別叫做「每個人」、「一些人」、「任何人」和「沒有人」。其中「每個人」、「一些人」和「任何人」都可以把事情處理得很好，就只有「沒有人」會搞砸一切。

有一天，一件重要的工作要盡快處理，「每個人」相信「一些人」會去完成這件事，或者「任何人」也可以將事情做好，但卻是「沒有人」去做。

「一些人」對此很生氣，因爲那是「每個人」應該做的事，而「每個人」卻認爲，爲什麼「任何人」都不肯去做？這件重要工作的最後是「沒有人」去完成，結果弄得亂七八糟的。

一群野雁來到了太湖邊的沙灘上過夜，爲了安全，雁群中會有一隻野雁負責巡邏放哨，只要一發現有人，就立即大叫示警，好讓大夥迅速逃離。

獵人們熟知雁子的自保方法後，就在夜裡帶著火把走進雁群。巡邏的野雁一見到火光馬上大叫，獵人也同時將火把快速熄滅。

雁群聽到警告，紛紛驚醒，拍打著翅膀，四處逃竄。可是，過沒多久，野雁們發現四周靜謐無聲，又安心地睡了下來。

獵人重複相同的手法，幾次下來，雁群的頭頭以爲巡邏的野雁故意搗蛋，非常氣惱，便下令群雁啄牠。

獵人看到這個情形，就知道時機成熟了。過了一會兒，獵人悄悄地靠了過來，舉著火把照著雁群，受委屈的巡邏野雁雖然看見了，可是卻害怕受到責難，再也不敢鳴叫示警。

就這樣，獵人不費吹灰之力，趁機撒出大網，將雁群一網打盡。

由於再三被誤解，讓巡邏的野雁心生恐懼，不敢據實以報，最後讓大家落入獵人之手。像這類攸關性命的責任，就應該堅持到底，不要輕易放棄，否則自己也難以倖存。

就像醫療工作者爲病患施打藥物時，劑量多寡都會影響一個人的生死。不能因爲醫生寫錯劑量，便將錯就錯照樣注射。畢竟身爲專業人士，就該有相關的醫療知識以及道德、責任。

爲自己的行爲負責，用專業的眼光來判斷事物，不能因爲不敢背負決策的責任，而傻傻地等待上級指示。要知道一旦過了黃金時間，再多的努力也挽救不回。況且，老闆聘請職員，就已經賦予了適當的處理事情的權力，若事事要他親力而爲，哪裡還需要員工！

或許自動發現錯誤進而自發解決問題，不是一件容易的事。然而發生問題，卻不採取任何行動，也是一種不負責任的做法。當你覺得事情不對之時，能立即判斷、當下決定的，就該馬上處理。

付出是為了印證自己的價值

不要抱怨自己總是在付出，因為有機會被「壓榨」，正是因為自己有能力，才如此多勞，也因而能顯出自己的價值。

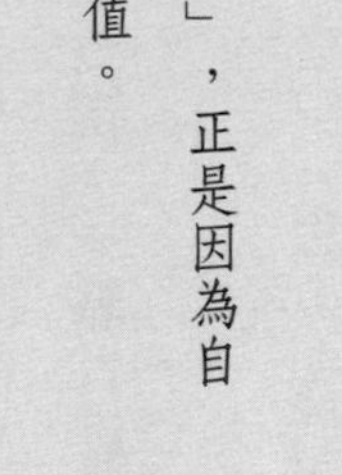

有一種人，不管做什麼永遠只會抱怨，覺得公司待遇不夠好、老闆愛找碴、同事難相處。然後大大感嘆一番，認定自己是個懷才不遇的人，終日沉浸於不滿中，長久下來不但自己不快樂，別人也難以和他相處。

他們從來不想改變自己，只是消極等待別人給予更多的好處，卻不懂得付出與努力。當別人往前進時，他們還在原地踏步，卻毫不反省，甚至沒有自覺到環境早已改變，非得等到被社會淘汰的那一刻，才能大徹大悟。

有戶人家住在一個很偏僻的鄉下地方，最近的鄰居也在幾十公里外。他們養了一隻公雞用來報曉，好清早就起床耕作。

每天天色未亮，公雞就開始盡責地啼叫。「喔！喔！喔！」啼過三遍，天色就亮了。接下來，公雞只需要悠哉地度過一天，什麼也不必做。

每天報時過後，牠就站在屋頂上，看著人們出去幹活，心裡好不得意。牠常常自言自語說：「我多麼偉大啊！天是我叫亮的，沒有了我，世上將會永遠漆黑，人人看不到日出！」

過了一段時間，主人新養了一隻狗。公雞看主人拿肉骨頭餵狗，自己只吃小粟米，非常不高興，便對狗說：「你整天只會跟前跟後，一點貢獻也沒有，憑什麼天天吃肉骨頭！」

牠決定此後不再啼叫，讓人們的生活陷入黑暗之中，誰教人們不了解自己有多麼偉大！

第二天，公雞眞的沒有啼叫。原本牠以爲會看到人們驚慌的神色，誰知天色卻出乎意料地由朦朧漸漸變得大亮，太陽依舊升起來，人們照常生活和勞動。

公雞不甘心地跺著腳，嘟囔說：「今天可能是哪裡出錯了！明天太陽一定會忘記升起。」

可是，每天都一樣，世間萬物還是照常在運行，太陽依舊升起，這使牠覺得非常氣憤。

一連好幾天沒有啼叫的公雞終於引起主人注意。

這天，家中來了客人，主人便對妻子說：「家裡那隻公雞不再報曉啦，留著也沒什麼用處，就殺來請客吧！」

女主人聽完就走到後院，一把抓住公雞的脖子。這時公雞才開始後悔，想高聲鳴叫，好讓主人知道牠是會報曉的。

可是，已經來不及了，牠的脖子被攥得連氣也透不過來，根本無法發出聲音。

最後，公雞成爲桌上的一道料理。

若說每個生物都有一項天職，那麼「報曉」就是公雞的使命。做好自己的工作，完成自己的本分，盡到應盡的責任是應有的態度。若只是因爲「做該做的事」就沾沾自喜，自以爲了不起，那大概也沒什麼大成就了。

與其浪費時間抱怨自己總是在付出，不如花點工夫充實自己。況且，有機會被「壓榨」，正是因爲自己有能力，才如此多勞，也因而能顯出自己的價值。若是完全沒有「使用」的空間，就只能等著被淘汰。

每個人在世界上都有一定的價值，如果放棄了它，就會失去生存的權利。

即使眞的遭遇不公平的待遇，也要試著從中獲得經驗和歷練。把辛苦當成付「學費」，一旦學成畢業，會有更好的前途等著你。

急流勇退是難得的智慧

如果說挑戰是對生命的發揚，那麼明智便該是另一種美好的境界，是對生命的愛惜和尊重。

每個人都有不斷往上爬的心理，試圖追求成功、追求卓越。

然而，當自己拼盡了全力，達到了一定的目標，而自己的能力、體力也都到了一個極限時，應該要停下來想想，自己是不是需要再往上爬去？

是要不顧一切地登上頂峰？還是乾脆地就此下山去？

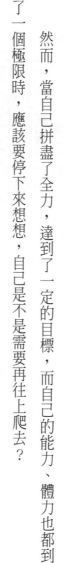

有一位登山隊員，一次有幸參加了攀登喜瑪拉雅山的珠穆朗瑪峰活動，然而，到達六千四百公尺高度的時候，他終於體力不支，只好半途停了下來。

後來，當他講起這段經歷時，朋友都替他感到惋惜，認爲他當時爲何不再堅持一下呢？只要再攀一點高度，再咬緊一下牙關，說不定就能登上山頂了。

但是，他回答說：「不，只有我自己最清楚，六千四百公尺的海拔是我登山生涯的最高點，所以我一點遺憾都沒有。」

這是相當值得尊敬的想法。

關於人生，我們總敦促著自己不要怕爬高，就怕找不到生命的至高點，然而，每個人也都有極限，總是有自己跨越不了的關口，那麼是否該就此罷手，讓自己得以保全，不致於因爲過度的勉強而粉身碎骨？

如果說挑戰是對生命的發揚，那麼明智便該是另一種美好的境界，是對生命的愛惜和尊重。

認識自己、不勉強自己，才對得起自己；做人做事，不只要懂得上台，更要知道如何下台。

有人說得好：「下台是爲了下一次登台做準備，不下這個舞台，又怎麼登下一個舞台？」

舞台上再怎麼精湛的表演，最後也要風光退場，結局才算完美；如果沒有認清自己的底限，強求的結果，或許會帶來殘缺的遺憾。

急流湧退，是人生難得的智慧，只要我們曾經拼盡全力地向上攀登，在自己的極限處戛然而止，就是恰到好處的決定，然後就能悠然而從容地下山去了。

想要贏別人，先贏過你自己

作　　者　王　渡
社　　長　陳維都
藝術總監　黃聖文
編輯總監　王郡凌
出 版 者　普天出版家族有限公司
新北市汐止區忠二街 6 巷 15 號
TEL ／(02) 26435033 (代表號)
FAX／(02) 26486465
E-mail：asia.books@msa.hinet.net
http://www.popu.com.tw/
郵政劃撥 19091443 陳維都帳戶
總 經 銷　旭昇圖書有限公司
新北市中和區中山路二段 352 號 2F
TEL／(02) 22451480 (代表號)
FAX／(02) 22451479
E-mail：s1686688@ms31.hinet.net
法律顧問　西華律師事務所・黃憲男律師
電腦排版　巨新電腦排版有限公司
印製裝訂　久裕印刷事業有限公司
出 版 日　2022 (民 111) 年 9 月第 1 版
I S B N◉978-986-389-838-2　　條碼 9789863898382

國家圖書館出版品預行編目資料
想要贏別人，先贏過你自己／
王渡著.—第 1 版.—：新北市,普天出版
民 111.9 面；公分. - (生活良品；56)
I S B N◉978-986-389-838-2 (平裝)

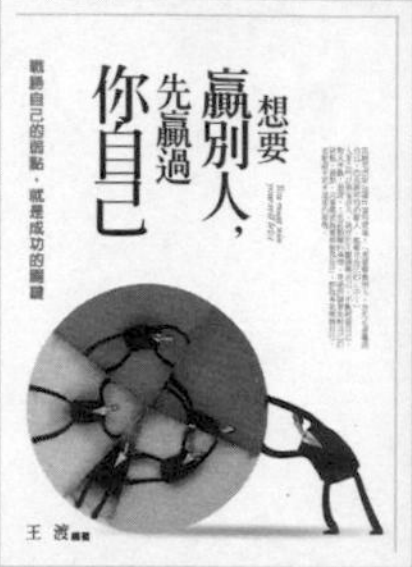